# 예수, 깨달음으로 부활하다

# 예수, 깨달음으로 부활하다

초판 발행일 2015년 12월 10일

지은이      김 종 흥
펴낸이      김 종 흥
펴낸곳      진 여 문

출판등록    2015. 1. 14(제 331-2015-000001 호)
주소        부산광역시 남구 지게골로 52-15, 102동 1401호(문현동, 벽산기린아파트)
전화번호    0505-300-8482              팩스      0505-300-8481
ISBN        979-11-954582-3-3 03200

이 도서의 국립중앙도서관 출판예정도서목록(CIP)은 서지정보유통지원시스템 홈페이지(http://seoji.nl.go.kr)와
국가자료공동목록시스템(http://www.nl.go.kr/kolisnet)에서 이용하실 수 있습니다.
( CIP제어번호 : CIP2015033465)

예수 그리스도의 진정한 부활을 위하여

참자아를 찾는 여정을 시작한 이상
그대의 의지대로 찾는 행위를
멈출 수 없다. 이 길로 들어선 이상
그대는 찾기를 그만둘 수 없다.
그대는 이제 포기하고 도망갈 수가 없다.
그러므로 찾고 있는 것을
발견할 때까지 멈추지 마라.

깨달음으로
풀이한 도마복음 예수,
깨달음으로 부활하다

벽공 김종흥 지음

진여문

**차 례**

## ✝ 네 눈 속의 들보를 보라 / 83

# ✟ 자기 자신을 모르는 사람은 / 181

✝ 아버지 나라는 땅에 펼쳐져 있다 / 265

# 머리말

나는 예수가 누구인지 모른다.

또한, 그가 역사상 실존 인물인지 그 여부에 관해서도 관심이 없다.

예수는 2,000년 전에 이미 역사를 뛰어넘어 시간이 없는 영원 속으로 사라져버렸다. 독수리가 허공을 날더라도 아무런 흔적을 남기지 않듯 그와 같은 사람은 아무런 자취를 남기지 않는다.

후세 사람들은 예수에 대해 남겨진 단편적인 기록들을 통해 다만 그에 대해 추측할 수 있을 뿐이다. 그러나 예수는 추측을 통해서는 결코 알 수가 없는 사람이다.

역사가들이나 종교학자들의 연구를 통해서도 예수의 실체를 도저히 밝혀낼 수가 없다. 개념의 세계를 뛰어넘어 빛과 하나가 되어버린 사람을 어떻게 개념적인 추구를 통해 그 실체를 밝힐 수가 있겠는가?

그래서 예수의 실체를 밝히려는 그동안의 모든 개념적인 시도는 결국 그에 대한 곡해와 왜곡을 불러올 수밖에 없었다.

더 나아가 예수의 가르침이 종교적 교리와 도그마로 탈바꿈하는 순간부터 예수의 진의는 땅속 깊숙이 매장될 수밖에 없는 운명이었다.

현대문명을 낳은 서구문명은 예수를 언급하지 않고서는 거론할 수가 없다. 그만큼 예수는 서구인들의 의식세계를 넘어서 무의식까지도 지배해온 상징적인 아이콘이다. 인류가 현재 공통으로 사용하고 있는 연호인 '서기'가 예수의 탄생을 기점으로 하는 사실이 이를 방증한다.

그러나 불행히도 서구인들이 믿고 있는 예수의 가르침에 대한 신념체계는 지극히 곡해되고 왜곡된 것으로 자유와 해방을 위한 메시지가 아니라 오히려 억압의 굴레가 되어온 것이 사실이다.

이같이 왜곡된 신념체계가 서구인들의 에고를 병적인 신경증으로 내몰았고 급기야 그것은 20세기 들어 두 차례의 세계대전을 일으키는 보이지 않는 원인이 되었다.

다행스럽게도 1945년 이집트 나그함마디에서 그동안 까맣게 잊혔던 파피루스 문서가 발견됨으로써 예수의 가르침의 진의가 세상에 드러나게 되었다. 나그함마디 문서 뭉치들 속에는 모두 52종의 문서가 들어 있었는데, 이 중에서 세상 사람들의 관심을 가장 많이 끈 것이 바로 〈도마복음〉이다.

〈도마복음〉은 다른 공관복음처럼 예수의 일대기가 아니라 예수의 순수한 '어록語錄'이라는 점이 가장 큰 특징이다. 기존의 다른 공관복음과 여러 부분에서 겹치기도 하지만 공관복음에 나오는 기적, 재림, 종말, 부활, 최후의 심판, 대속 등에 대한 언급이 거의 보이지 않는다.

〈도마복음〉에는 그 대신 내 안의 빛으로 계신 하나님에 대한 깨달음을 통해 새로운 사람으로 거듭나면, 평화 속에서 살 수 있을 뿐만 아니라 죽음을 극복할 수 있다는 것을 누누이 강조하고 있다.

기존의 공관복음 속에서도 예수 가르침의 진의에 대한 편린들을 발견할 수 있지만, 〈도마복음〉을 통해서 우리는 비로소 예수 가르침의 진의를 확연하게 확인할 수 있게 되었다.

그러나 예수가 깨달았던 내면의 '하나님'인 생각 이전의 본성 자리를 깨치지 못하면, 누구도 예수 가르침의 정수를 도저히 이해할 수도, 맛볼 수도 없다.

예수가 말하는 '하나님'은 시간과 공간, 국가와 문화를 초월해 있다. 하나님은 바로 우리 모두의 한마음이기 때문이다. 따라서 자기 마음을 깨치면 누구나 예수가 보았던 그 자리에서 모든 것을 비춰볼 수 있게 된다. 그래서 〈도마복음〉의 모든 구절이 하나로 꿰어지면서 2,000년의 세월과 수천 킬로미터의 공간을 뛰어넘어 공시성 속에서 예수와 만나게 된다.

나는 마치 예수가 광야에서 제자들을 상대로 이야기하듯 독자인 '그대'에게 말하듯이 이 책을 썼다. 나는 이 책을 통해 그대가 단순히 예수에 대한 정보와 지식을 얻기를 바라지는 않는다.

그보다는 이 책을 읽고 그대가 하나님인 자기 마음을 깨달아 예수와 하나가 되기를, 그리하여 불안과 두려움을 극복하고 나아가 죽음을 넘어설 수 있게 되기를 진정으로 염원한다.

2015년 겨울
벽공

예수께서 말씀하시고 도마가 받아 적다.

이것은 살아계신 예수께서 말씀하시고
디두모 유다 도마가 받아 적은 비밀의 말씀이다.

하늘나라는 너희 안에 있다

# 제1절 ___죽음을 경험하지 않을 것이다

그리고 그가 말했다.

"누구든지 이 가르침의 속뜻을 발견하는 사람은

죽음을 경험하지 않을 것이다."

\* \* \*

누구든지 이 가르침의 속뜻을 발견하는 사람은

예수는 세상에 흔한, 지식의 단순한 전달자인 설교가나 선생이 아니다. 그는 자기 안의 영원한 생명을 깨달아 스스로 생명 자체가 된 사람이다. 그래서 그는 지식이 아닌 진리를, 죽음을 넘어설 수 있는 '비전'을, 영원한 생명을 그대에게 전해주고자 한다.

〈도마복음〉에서 예수가 그대에게 전해주고자 하는 가르침은 단순한 지식이 아니다.

그것은 언어로 표현될 수는 있지만, 언어로 전달될 수 있는 것이 아니기 때문이다.

그래서 예수는 자신의 가르침의 표면적인 뜻이 아닌, 속뜻을 발견하라고 그대에게 요청한다. 이는 그가 하는 말의 표면에 드러난 개념을 넘어서 있는, 그 말이 가리키는 언어 이전의 생명의 본질을 발견하라는 말이다. 그래서 도마는 〈도마복음〉을 예수가 설한 '비밀의 가르침'이라고 서문에서 적고 있다.

〈도마복음〉에서 예수가 일관되게 가리키고 있는 바는 명확하다. 예수는 거듭해서 그대 안의 '아버지', 또는 '하늘나라'를 발견하라고 그대에게 촉구한다. 여기서 예수가 말하는 '아버지'는 생명의 근원을, '하늘나라'는 생명의 근원을 깨달아 도달한 마음의 평화를 가리킨다. 생명의 근원은 그대 스스로가 깨달아야만 한다. 그래야만 그대는 하늘나라에 도달할 수가 있다.

그래서 그대는 예수가 그대에게 전해주고자 하는 비전을 그의 가르침을 통해 그대 내면에서 직접 발견하고 깨달아야만 한다.

죽음을 경험하지 않을 것이다.

그러면 그대는 죽음을 넘어설 수가 있다. 가르침의 속뜻을 알아차려 아버지를 발견하면, 예수가 말한 그대로 그대는 죽음을 경험하지 않을 것이기 때문이다.

그대의 부모는 그대에게 죽음을 선물했다. 육신으로 태어난다는 것은 언젠가는 반드시 죽어야만 하는 죽음을 선물 받은 것이나 마찬가지이기 때문이다. 그러나 예수는 영원한 생명을, 불멸의 진리를 그대에게 전해주려고 한다. 그대로 하여금 영원한 생명을 되찾게 하는 것이 바로 여기에 적힌 예수의 가르침이다.

그렇지만 영원한 생명은 표면적인 언어 뒤에 감추어져 있다. 그대는 스스로 언어 이면에 숨겨져 있는, 개념을 넘어선 실재를 발견해야만 한다. 그래야만 그대는 죽음을 넘어서 있는 영원한 생명과 하나가 될 수 있다.

# 제2절 ___찾기를 멈추지 말라

예수께서 말씀하셨다.

"찾는 자는 발견할 때까지 찾기를 멈추지 말라.

그가 찾게 되면 혼란스러울 것이요,

그 혼란스러움은 놀라움으로 바뀌게 되고

마침내 그는 모든 것을 지배하게 되리라."

\* \* \*

찾는 자는 발견할 때까지 찾기를 멈추지 말라.


'찾는 자'는 누구인가? 영원한 생명을, 자기 자신을 찾고 있는 사람이 찾는 자이다.

예수의 제자들뿐만 아니라, 지금 이 글을 읽고 있는 그대가 바로 찾는 자이다. 만일 그대가 찾는 자가 아니라면, 지금 이 글을 읽고 있지도 않을 것이다. 예수는 그대가 찾고 있는 진정한 그대 자신을 발견할 때까지 찾는 행위를 멈추지 말아야만 한다고 강조하고 있다.

그대가 일단 이 길에 들어선 이상, 참자아를 찾는 여정을 시작한 이상 그대의 의지대로 찾는 행위를 멈출 수가 없다. 자기를 찾으려는 충동은 그대의 의지를 넘어서 있다. 참나를 찾으려는 충동은 그대의 의지를 넘어서 있는 궁극의 근원에서 나오기 때문이다.

그래서 30년, 40년 이상을 찾아온 사람들도 이구동성으로 이렇게 말한다.

"도저히 내 힘만으로는 찾을 수 없다는 것을 알고 중도에 포기하려 했습니다. 그러나 그렇게 되지가 않았습니다. 나도 모르게 또다시 찾고 있는 자신을 발견하곤 합니다."

그렇다. 자기를 찾으려는 내면의 충동으로 그대가 이 길로 들어섰다면, 반드시 끝장을 보아야만 한다. 만일 그대가 중도에서 포기한다면 그대는 어디에 있더라도 결코 편히 쉴 수가 없기 때문이다. 일단 이 길로 들어선 이상 그대는 찾기를 그만둘 수가 없다. 그대는 이제 포기하고 도망갈 수가 없다. 그러므로 찾고 있는 것을 발견할 때까지 멈추지 말라.

그대가 지금 일편단심으로 찾고 있는 것은 무엇인가? 그대는 과연 무엇을 찾고 있는가? 예수는 그것을 '말씀의 속뜻'이라고 표현하고 있다. 하지만 그대가 지금 찾고 있는 그것은 바로 그대 자신이다. 그대 자신은 아무런 '뜻'이 없다. 그것은 아무도 모르는 깊은 곳에 숨겨져 있지도 않다. 그것은 그대 눈앞에 오롯이 현전해 있다. 그대가 이미 찾는 그것이기 때문에 애써 공들여서 완성할 필요도 없다. 다만 눈을 되돌려 그대가 그것임을 보기만 하면 된다.

> 그가 찾게 되면 혼란스러울 것이요,
> 그 혼란스러움은 놀라움으로 바뀌게 되고
> 마침내 그는 모든 것을 지배하게 되리라.

예수는 왜 그대가 그것을 발견하면 혼란스러워질 것이라고 말하는가? 그것은 그대가 전혀 예상하지 못했던 것이기 때문이다. 그것은 그대의 예상을 넘어서 있다. 그대가 이미 그것이기 때문이다.

그것은 아무런 뜻도 없을 뿐만 아니라, 아무것도 아니기 때문이다. 그래서 어렵게 그것을 발견하더라도 혼란스러울 수밖에 없다. 찾고 있던 것을 발견하는 순간 그대는 충격을 받고 혼란스럽게 될 것이다. 전

혀 생각하지 못했던, 너무나도 의외의 것이기 때문이다. 그러나 시간
이 흐르면서 그 혼란스러움은 놀라움으로 바뀔 것이다.

왜 혼란스러움이 놀라움으로 변하게 되는가? 아무것도 아닌 그것
이 바로 그대이며, 동시에 존재하는 모든 것임을 알게 되기 때문이다.
그때 그대는 모든 것 위에 올라서서 모든 것을 지배하게 된다. 그대가
존재하는 모든 것임을 알게 된다. 모든 것을 지배할 수 있는 힘이 생
기기 때문이다.

## 제3절 ___ 하늘나라는 너희 안에 있다

예수께서 말씀하셨다.

"만일 너희를 인도하는 사람이 너희에게

'보라, 하늘나라는 하늘에 있다.'고 말한다면

하늘의 새들이 너희보다 먼저 갈 것이다.

만일 그들이 너희에게 '하늘나라는 바다에 있다.'고 말한다면,

물고기들이 너희보다 먼저 갈 것이다.

오히려 하늘나라는 너희 안에도 있고

너희 바깥에도 있다.


너희가 너희 자신을 알게 될 때,

너희는 알려질 것이요

너희는 살아계신 아버지의 아들들임을 깨닫게 될 것이다.

그러나 너희가 너희 자신을 알지 못하면

너희는 가난 속에 사는 것이며,

너희는 가난 그 자체이다."

\* \* \*

만일 너희를 인도하는 사람이 너희에게

'보라, 하늘나라는 하늘에 있다.'고 말한다면

하늘의 새들이 너희보다 먼저 갈 것이다.


만일 그들이 너희에게 '하늘나라는 바다에 있다.'고 말한다면,

물고기들이 너희보다 먼저 갈 것이다.

오히려 하늘나라는 너희 안에도 있고

너희 바깥에도 있다.


누가 그대에게 이렇게 말하는가?

"보라, 하늘나라는 하늘 위에 있다." "보라, 하늘나라는 바닷속에 있다."

누가 이런 말로 그대를 속여서 평생을 바깥에서 하늘나라를 찾아 헤매게 하는가?

이렇게 말하는 자들은 그대를 가르치고 인도하는 자들이 아닌가? 하느님의 거룩한 권위를 대리하는 기성 종교의 지도자들이 아닌가? 그들의 인도로 그대는 과연 하늘나라를 구경이라도 하였는가?

그대를 인도하는 성직자들은 이제 이렇게 말한다.

"하늘나라는 그대가 살아서는 당도할 수 없다고 할지라도 그대의 믿음만 굳건하다면 죽은 뒤에는 그곳에 가는 것이 확실하게 보장된다."

그래서 그대는 오늘도 성당이나 교회에 나가 죽은 뒤라도 그 나라에 임하기를 갈구한다. 그러나 예수는 말한다.

"하늘나라가 만일 물리적인 공간 안에 있어 그대 바깥에 있다면, 새들과 물고기들이 그대보다 앞설 것이다."

그러면 그대가 애타게 찾고 있는 하늘나라는 도대체 어디에 있는가? 예수는 자상하게도 하늘나라가 어디에 있는지 그대에게 친절하게 알려주고 있다. 하늘나라는 그대 '안'에도, '바깥'에도 있다고. 여기서 '안'과 '바깥'은 무엇을 기준으로 하는 것인가? 예수는 지금 그대의 수준에서 말하고 있다. 그래야 그대가 알아들을 수 있기 때문이다. 물론 예수가 말하는 여기서의 '안'과 '바깥'은 그대의 '몸'을 기준으로 한다. 그대는 몸을 기준으로 보고 듣는 등 다섯 가지 감각체험이 일어나는 곳은 바깥, 그리고 생각과 감정이 일어나는 곳은 '안'으로 알고 있기 때문이다.

그러나 "천국은 너희 안에 있고 또 너희 바깥에 있다."는 예수의 말은 '안'과 '바깥'이라는 그대의 고정관념을 부정하는 말이다. 다시 말하면 '안'과 '바깥'도 하나의 개념에 불과하므로 예수의 이 말은 천국은 개념을, 즉 생각을 넘어서 있다는 것을 암시한다.

> 너희가 너희 자신을 알게 될 때,
>
> 너희는 알려질 것이요
>
> 너희는 살아계신 아버지의 아들들임을 깨닫게 될 것이다.

이 구절을 잘 보라. 여기서 예수는 곧바로 깨달음의 핵심을 가리키고 있다. 예수는 '하늘나라' 이야기를 하다가 갑자기 '너희 자신'으로 건너뛴다. 도대체 '하늘나라'와 '너희 자신'과 무슨 관계가 있는가?

예수는 여기서 '하늘나라'가 곧 '너희 자신을 아는 것'임을 가리키고 있다. 다시 말하면, 생각 이전의 마음자리가 '하늘나라'이며, 동시에 그것이 진정한 '너희 자신'이라고 말하고 있는 것이다.

<blockquote>
너희가 너희 자신을 알게 될 때,

너희는 알려질 것이요
</blockquote>

그대가 그대 자신을 알면, 그대 자신에게 그대가 알려질 뿐만 아니라 동시에 모든 사람들을 알 수가 있다. 비로소 그대는 그대 자신이, 모든 사람들이 무엇인지를 알게 될 것이다.

<blockquote>
너희는 살아계신 아버지의 아들들임을 깨닫게 될 것이다.
</blockquote>

그대는 그대가 살아있는 영원한 생명임을 알게 될 것이다. 그대는 자신이 영원한 전체 생명과 동류임을 깨닫게 될 것이다. '아버지'와 '아들'의 관계는 '참나'와 '에고', 곧 '큰 나'와 '작은 나'의 관계로 대비해서 볼 수 있으며, '아버지'와 '아들'의 관계는 생각 속에서는 둘로 분리되지만, 생각 이전의 근원 자리에서는 구분이 없는 하나이다.

<blockquote>
그러나 너희가 너희 자신을 알지 못하면

너희는 가난 속에 사는 것이며,

너희는 가난 그 자체이다.
</blockquote>

여기서 말하는 가난이란 무엇을 가리키는가? 그대가 그대 자신을, 자신의 참된 정체성을 모르는 것이 바로 영적인 가난이다. 따라서 그

대가 그대 자신을 알지 못하면, 그대는 가난 속에서 살아갈 수밖에 없기 때문에 가난 그 자체가 된다.

그대가 그대 자신을 아는 것이 크나큰 부유함이며, 존재하는 모든 것이 그대와 다름이 없음을 아는 것이다. 이것보다 더 큰 부유함이, 풍족함이 어디 있겠는가? 이와는 반대로 그대가 그대 자신을 모르면 채워도 채워지지 않는 영적인 허기와 결핍을 느끼게 될 것이다. 이보다도 더한 영적인 가난이 어디 있겠는가?

예수는 여기서 그대가 그대 자신을 아는 것이 하늘나라가 그대에게 임하는 것이요, 그대가 바로 살아계신 하나님임을 아는 것이라고 설파하고 있다.

##  제4절 ___ 생명의 장소에 대해 물어라

예수께서 말씀하셨다.
"오래 산 노인도 태어난 지 7일 된 갓난아이에게
생명의 장소에 대해 묻기를 주저하지 않는다면
그는 살게 될 것이다.
먼저 온 사람들 중 많은 이가 나중인 사람이 될 것이고
마침내 그들은 하나가 되어 똑같아질 것이기 때문이다.

\* \* \*

오래 산 노인도 태어난 지 7일 된 갓난아이에게
생명의 장소에 대해 묻기를 주저하지 않는다면

예수는 오래 산 노인도 태어난 지 7일밖에 안 된 갓난아이에게 묻기를 주저해서는 안 된다고 말한다. 예수는 노인이 갓난아이에게 무엇에 대해서 물어야만 한다고 말하는가? '생명의 장소'에 대해서 물어야만 한다고 말하고 있다.

예수의 말에 따르면 노인은 생명의 장소에 대해 모르지만, 갓난아이는 그것을 알고 있다는 말이 된다. 그래서 노인이 오히려 갓난아이에게 그것에 대해 물어야만 한다는 것이다. 예수가 말하는 생명의 장소는 어디인가? 생명의 장소가 어디인지를 알아야만 수수께끼 같은 예수의 이 말의 참된 의미가 이해될 수 있을 것이다.

그러면 노인은 왜 생명의 장소에 대해 물어야만 할까? 만약 그가 생명의 장소를 알게 되면, 그는 죽음을 경험하지 않게 될 것이기 때문이다. 갓난아이는 생명의 장소를 알고 있다. 그러나 노인은 살아오면서 생명의 장소를 망각해 버렸다. 그래서 노인은 태어난 지 7일밖에 되지 않는 갓난아이에게 생명의 장소가 어딘지를 물어서 자기 안에서 그것을 재발견해야만 한다.

노인은 망각해버렸지만, 갓난아이는 간직하고 있는 생명의 장소는 어디를 가리키는가?

그것은 다름 아닌 모든 사람들이 본래부터 타고난 성품(본성)이다. 갓난아이는 본래면목인 본성을 오롯이 간직하고 있다. 아니, 그가 본성을 간직하고 있는 것이 아니라 그는 본성 자체이다. 아이는 본성밖에 모르며, 오직 본성으로 존재한다.

그러나 노인들과 이미 성인이 된 사람들은 본성을 잊어버렸다. 여기서 그대가 명심해야만 할 것은 그대는 본성을 잃어버린 것이 아니라는 것이다. 그대는 다만 본성이 무엇인지를 잊어버린 것뿐이다.

본성은 잃어버릴 수가 없다. 본성은 그대의 존재 자체이기 때문에 그대가 본성을 잃어버린다는 것은 있을 수가 없는 일이다. 그대는 여전히 본성 자체이지만 이제는 그것을 망각해 버렸다. 따라서 그대는 잊어버린 본성을 자기 안에서 다시 발견해야만 한다. 만일 그렇게 하지 못한다면 그대는 죽음을 겪지 않을 수가 없게 된다.

생명의 장소인 본성은 그대가 태어나서 갓난아이 때부터 지금까지 단 1초도 중단 없이 언제나 변함없이 그대의 생명 활동을 주재하고 있다. 그러나 그대는 그것이 무엇인지 잊어버렸다. 그래서 생각이 빚어내는 죽음의 공포에서 벗어날 수 없다. 그러므로 노인은 물론이고 그대 또한 갓난아이에게 생명의 장소에 대해, 본성에 대해 묻기를 주저해서는 안 된다.

그는 살게 될 것이다.

그대가 만일 그대 내면에서 생명의 장소를 깨달아 그것으로 살아갈 수 있다면, 그대는 죽음을 경험하지 않게 될 것이다. 비로소 그대는 죽음의 구렁텅이에서 떨치고 일어나 참삶을 '살게' 될 것이다. 그때 비로소 참 생명이 무엇인지, 꿈속에서 헤매지 않고 진정으로 산다는 것이 무엇인지 알게 될 것이다. 그대가 그대 자신을 모르면 살아도 산 것이 아니다.

먼저 온 사람들 중 많은 이가 나중인 사람이 될 것이고

먼저 태어난 많은 사람이 나이를 먹으면서 본성을 망각함에 따라

본성에 대해 무지한 사람이 된다. 그래서 본성에 대한 지혜의 측면에서는 갓난아이보다 못한 '나중인 사람'이 된다. 그래서 그들은 갓난아이에게 본성을 묻기를 주저해서는 안 되는 것이다.

마침내 그들은 하나가 되어 똑같아질 것이기 때문이다.

마침내 사람들이 잊었던 기억을 되살려 본성을 깨치게 된다면, 그리하여 생명의 장소를 알게 된다면, 모두 하나이면서 같게 될 것이다. 어떻게 하나가 될 수 있는가? 생명의 장소는, 생각 이전의 본성 자리는 '너'와 '나', '옳음'과 '그름', '좋음'과 '싫음' 등의 모든 분별이 끊어진 자리이기 때문이다. 생명의 장소는 둘이 없는 전체이기 때문에 모두가 하나이면서 같을 수밖에 없다.

## 제5절 ___ 너희 앞에 있는 것을

예수께서 말씀하셨다.
"너희 앞에 있는 것이 무엇인지를 깨달아라.
그러면 너희로부터 감추어진 것이 너희에게 드러나리라.
그때 감추어진 것들로부터 드러나지 않을 것은
하나도 없을 것이기 때문이다."

\* \* \*

그대는 살아오면서 오랫동안 교육을 받아왔기 때문에 정말로 많은 것들을 알고 있다. 그뿐만 아니라 책, 신문, 방송, 영화, 인터넷, 모바일 등 여러 가지 다양한 매체들은 지금도 매 순간 미처 소화하지 못할 정도의 많은 지식과 정보들을 그대에게 쏟아 붓고 있다. 그래서 그대는 거의 모르는 것이 없을 정도로 박학다식하다. 만일 그대가 모르는 것이 있다 하더라도 손안의 스마트폰으로 검색하기만 하면 곧바로 그에 대한 정보를 얻을 수가 있다.

그러나 그대가 단 한 가지 모르는 것이 있다. 그것은 무엇인가? 모든 것을 알고 있지만 단 한 가지 그대가 모르고 있는 것은 무엇인가? 그것은 그대가 그대 자신을 모른다는 것이다.

> 너희 앞에 있는 것이 무엇인지를 깨달아라.

여기서 예수가 말하는 '앞'은 단순히 공간적 위치로서의 '눈앞'을 가리키는 것이 아니다. 예수가 가리키고자 하는 그것은 앞에만 있는 것이 아니다. 위에도 있고 아래에도 있고 뒤에도 있으며, 왼쪽에도 있고 오른쪽에도 있다.

그것은 어떤 공간상의 한 지점을 가리키는 것이 아니다. 그것은 없는 곳이 없다. 그것은 시간과 공간 밖에 있으며, 동시에 시간과 공간을 포함하고 있다. 그대는 언제나 그 속에 있으면서도 그것이 무엇인지 모르고 있다. 그대 자신이 그것이다. 그것이 무엇인지를 깨달아라.

> 그러면 너희로부터 감추어진 것이 너희에게 드러나리라.

그것은 언제나 일어나고 사라지는 생각과 감정을 알아차리고 있다.

그것은 보고, 듣고, 냄새 맡고, 맛보고, 감촉하는 모든 것들을 실시간으로 알아차린다. 그러나 그것은 모습이 없어 보이지도 않고 만질 수도 없다. 만일 그대가 그것을 깨닫는다면, 그대 자신은 물론이요 그대에게 감추어져 있던 모든 것들이 드러날 것이다.

> 그때 감추어진 것들로부터 드러나지 않을 것은
> 하나도 없을 것이기 때문이다.

그러면 숨겨진 것 중에서 그대에게 드러나지 않을 것은 하나도 없다. 이것은 숨겨져 있는 비밀이 아니다. 이미 공개되어 있고 만천하에 드러나 있는 비밀이다. 그대 눈앞에 언제나 변함없이 현전하고 있기 때문이다. 그대가 그것을 깨닫기만 하면 그대는 모든 것을 알게 된다.

## 제6절 ___ 드러나지 않을 것은 없다

> 제자들이 예수께 물었다.
> "저희가 단식하기를 원하십니까?
> 저희는 어떻게 기도해야만 합니까?
> 저희가 자선을 베풀어야 합니까?
> 어떻게 음식을 가려 먹어야 합니까?"

> 예수께서 말씀하셨다.
> "거짓을 말하지 말라.

그리고 너희가 싫어하는 것을 다른 사람에게 행하지 말라.

천국 앞에서는 모든 것이 드러나기 때문이다.

숨겨진 것 중에서 밝혀지지 않을 것은 없을 것이며,

감추어진 채로 드러나지 않을 것은 없을 것이기 때문이다."

\* \* \*

저희가 단식하기를 원하십니까?

저희는 어떻게 기도해야만 합니까?

저희가 자선을 베풀어야 합니까?

어떻게 음식을 가려 먹어야 합니까?

표면적이며 형식적인 종교는 언제나 겉으로 드러나는 행위로서의 의례나 금기禁忌를 중요시한다. 그래서 언제 단식을 어떻게 해야만 하고, 어떻게 기도해야만 하는지, 어떻게 자선을 베풀어야 하고 어떻게 음식을 가려서 먹어야 할지를 구체적이고 세세하게 규정해 신도들로 하여금 반드시 준수하게 한다.

제자들은 왜 예수에게 단식과 기도, 자선과 음식의 금기사항에 대해 묻고 있는 것일까? 유대인들은 태어나면서부터 조상 대대로 전해져오는 토라를 배우고 거기에 규정돼 있는 율법에 따라 금식하고 자선을 베풀고 기도하는 것이 그들의 일상적인 종교 행위이면서 삶이었다. 그래서 그들은 유대교의 종교 의례와 규범을 제대로 지키는 것이 진정한 종교적인 삶으로 알고 있다.

이 때문에 제자들은 예수에게도 유대교 랍비들에게 질문했던 것과 같이 금식과 기도, 자선과 음식의 금기사항에 대해 묻고 있는 것이다. 그러나 이에 대한 예수의 반응은 기존의 유대교 랍비들과는 사뭇 다르다. 그는 제자들이 묻는 금식과 기도, 그리고 자선에 대한 구체적인 답변은 하지 않는다. 그리고 이렇게 말한다.

거짓을 말하지 말라.
그리고 너희가 싫어하는 것을 다른 사람에게 행하지 말라.

예수는 제자들에게 율법이나 종교적 의례에 대해서는 언급하지 않는다. 대신에 그는 제자들에게 이렇게 말한다.

"남에게 보이기 위한 기도나 자선 같은 것은 차라리 하지 않는 것보다 못하다. 그리고 금식과 음식을 가려 먹는 것 또한 싫어하면서도 율법에 있다고 해서 억지로 따를 필요는 없다. 다만 거짓을 말하지 말고 너희가 싫어하는 것을 다른 사람에게 행하지 말라."

예수는 종교적인 율법의 준수보다는 거짓을 말하지 않고 자신이 싫어하는 짓을 다른 사람에게 행하지 말라는 평범하면서도 동서고금에서 통용되는 행위의 준칙을 지키라고 제자들에게 말한다. 가식적이며 겉치레를 중시하는 율법의 준수보다는 자발적이면서 양심에 어긋나지 않는 행동이 더 종교적인 행위라는 가르침이다.

또한, 이 말의 이면에는 도마처럼 이미 예수의 비밀 가르침을 눈치챈 제자에게는 더 깊은 뜻이 담겨 있다.

"모든 율법은 아버지 나라로 가기 위한 다리일 뿐이다. 따라서 이미 아버지 나라에 도착했다면, 굳이 율법을 따를 필요는 없다. 아버지의 뜻에 맡기면 되기 때문이다."

하늘 앞에서는 모든 것이 드러나기 때문이다.

숨겨진 것 중에서 밝혀지지 않을 것은 없을 것이며,
감추어진 채로 드러나지 않을 것은 없을 것이기 때문이다.

여기에서 '하늘'은 고개를 들면 눈앞에 펼쳐져 있는 공간을 점유하는 푸른 하늘을 가리키는 것이 아니다. 하늘은 곧 전체 생명인 아버지를 가리킨다.

"아버지는 모든 것을 알고 있는 전능한 지혜이다. 따라서 아버지 앞에서는 밝혀지지 않고 감추어져 있을 것은 아무것도 없다. 아버지 안에서는 드러나지 않고 가려져 있을 것은 아무것도 없기 때문에 율법에 따르는 가식적인 행동보다는 아버지 앞에 부끄럽지 않게 행동하라."

## 제7절 ___ 사자와 사람

예수께서 말씀하셨다.
"사람에게 먹힘을 당하는 사자에게는 축복이 있을 것이다.
그 사자는 사람이 될 것이기 때문이다.
사자에게 먹힘을 당하는 사람에게는 저주가 있을 것이다.
그 사자는 사람이 될 것이기 때문이다."

\* \* \*

무엇을 말하고자 하는 것인지 가늠하기가 어려운 말이다. 〈도마복음〉이 난해하게 여겨지는 것은 예수가 설교에 있어서 은유와 상징 등 비유적인 수사법을 주된 화법으로 사용하고 있기 때문이다. 그가 비유법을 즐겨 사용한 이유는 많이 배우지 못하고 평범한 사람들이었던 당시 그의 제자들이나 청중들을 쉽게 이해시키기 위한 이유도 있지만, 가르침의 속뜻을 외부 사람들에게는 감추려는 의도도 있었다.

다시 말하면, 입문하지 않은 사람들에게는 가르침의 속뜻을 드러내 놓지 않으려는 의도도 있었다. 그러나 참으로 말씀의 속뜻을 발견해 자기 안의 아버지를 만난 사람에게는 예수의 말은 새로운 차원의 지혜의 눈이 열리게 한다.

생각과 개념에서 벗어나 본 적이 없는 사람은 예수의 말은 이해하기가 힘들다. 생각에서 벗어나서 아버지를 발견한 사람, 다시 말하면 예수와 동일한 의식 수준에 이른 사람만이 그의 말을 소화할 수가 있다.

예수의 주된 관심은 현실 생활이나 정치에 있는 것이 아니다. 그의 궁극적인 관심은 인간의 내면, 즉 마음에 있다. 그래서 그의 많은 상징이나 비유들은 인간 내면의 실상을 드라마틱하게 표현하고 있다. 이 점을 간파하지 못하면 예수 가르침의 속뜻을 해독할 수가 없다.

> 사람에게 먹힘을 당하는 사자에게는 축복이 있을 것이다.
> 그 사자는 사람이 될 것이기 때문이다.

이 절에서는 서로 먹고 먹히는 관계에 있는 '사람'과 '사자'가 등장한다. 여기서 '사람'과 '사자'는 과연 무엇을 가리킬까? 사자는 동물이다. 더 구체적으로 말한다면, 사나운 짐승, 즉 야수이다. 앞에서도 말했지만, 예수의 이 말씀은 그대 내면에서 일어나는 마음의 드라마를 비유적으로 표현한 것이다.

그대 안의 사자, 즉 야수는 과연 무엇인가? 본성을 가려서 그대로 하여금 야수적 습성에 빠지게 하고 고통 속에서 헤매게 하는 것은 무엇인가? 그것은 에고가 아닌가? 그렇다면 '사람'은 무엇을 가리키는가? 그것은 그대의 본래 사람됨의 성품, 아버지인 참나를 가리키고 있다. 숨겨진 이 비밀의 코드를 발견하지 못하면 예수의 이 말씀은 해석할 수가 없다.

따라서 이 말씀의 속뜻은 이러하다.

"참나에게 먹히는(흡수당하는) 에고에게는 축복이 있을 것이다. 그 에고는 참나와 하나가 될 것이기 때문이다."

사자에게 먹힘을 당하는 사람에게는 저주가 있을 것이다.
그 사자는 사람이 될 것이기 때문이다.

"에고가 참나를 가리게 되면 저주가 있을 것이다. 에고가 참나를 대신해서 행세할 것이기 때문이다."

참나가 에고가 허상임을 바로 보는 것이 깨달음이요, 반대로 환영에 불과한 에고에 의해 참나가 가려지는 것이 무명無明이다.

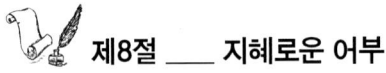

## 제8절 ___ 지혜로운 어부

그리고 예수께서 말씀하셨다.
"인간은 그물을 바다에 던져 작은 물고기들을 가득 잡아 올리는
지혜로운 어부와 같다.
슬기로운 어부는 그 가운데서 가장 크고 좋은 물고기 한 마리만을 찾아내

나머지 작은 물고기들은 바다에 던져 넣고
어려움 없이 그 큰 물고기를 선택하였다.
누구든지 들을 수 있는 귀를 가진 자는 들으라."

\* \* \*

인간은 그물을 바다에 던져 작은 물고기들을 가득 잡아 올리는
지혜로운 어부와 같다.

예수는 바다에서 물고기를 잡는 어부의 비유를 통해서 그대에게 무엇을 말하고자 하는가? 여기서의 '바다'는 삶을 의미하며, '그물'은 경험을, '물고기들'은 경험의 결과로 우리가 얻는 지혜를 가리킨다. 인간은 누구나 삶 속에서 여러 가지 일들을 경험하고 그것을 통해 지혜를 얻는다.

슬기로운 어부는 그 가운데서 가장 크고 좋은 물고기 한 마리만을 찾아내
나머지 작은 물고기들은 바다에 던져 넣고
어려움 없이 그 큰 물고기를 선택하였다.
누구든지 들을 수 있는 귀를 가진 자는 들으라.

그러나 슬기로운 어부는 그가 그물로 잡은 물고기 가운데 가장 크고 좋은 물고기 한 마리만 골라내고 나머지 작은 물고기들을 바다에 다시 던져 버린다. 여기서 '슬기로운'이라는 말에 주목하라. 슬기롭다는 것은 삶에 있어서 무엇이 가장 귀중한 것인지 볼 줄 아는 안목을 갖췄다는 말이다. 그래서 그는 무엇이 궁극적인 가치가 있는 물고기인 줄 볼 줄 안다.

그래서 그는 가장 크고 좋은 물고기 한 마리만 찾아내고 잔챙이들은 모두 바다로 다시 던져 버린다. 크고 좋은 물고기 한 마리에 비하면 잔챙이들은 모두 하찮은 것들이기 때문이다. 무엇이 슬기로운 어부로부터 선택받은 한 마리 큰 물고기인가? 예수의 표현을 빌리면, 그것은 아버지요 하늘나라이다.

그것은 궁극이요 실재이다. 아무것도 아니면서 동시에 모든 것이다. 그것은 모든 것이기에 '가장 크고 좋은 물고기'다. 그것은 그대의 진정한 정체이자 생명의 근원이다.

이에 비하면 나머지 잔챙이들은 모두 나타났다가 사라지는 그림자요, 신기루이며, 물거품이요, 아침이슬과도 같이 덧없는 것이다.

따라서 만일 그대가 가장 좋고 큰 물고기를 알아보는 안목을 갖추지 못해 잔챙이들을 선택한다면, 그대가 일생을 투여한 고기잡이는 덧없이 물거품이 되고 말 것이다.

전심전력을 다 해 삶이라는 바다에 그물을 던져라. 그리고 건져 올린 물고기 가운데 가장 크고 좋은 물고기를 선택하라. 한 마리 크고 좋은 물고기에 모든 것을 걸라. 그리하여 그대 안에서 아버지를 만나라. 아버지야말로 온전함이요 궁극이다. 그대가 만일 전심전력을 다 해 매진하지 않는다면 그 물고기를 잡아 올릴 수 없을 것이다.

무엇이 궁극인가? 더 이상 알 것도, 얻을 것도, 나아갈 곳도 없는 것이 궁극이다.

자기 존재에 대한 깨달음이 바로 그것이다. 누구든지 이 말씀의 속뜻을 알아차릴 수 있는 지혜를 가진 자는 들으라.

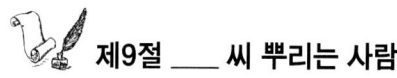

## 제9절 ___ 씨 뿌리는 사람

예수께서 말씀하셨다.

"이제 씨 뿌리는 사람이 한 줌의 씨앗을 가지고 밖으로 나가

그것들을 뿌렸다.

어떤 것은 길 위에 떨어져 새들이 와서 그것을 쪼아 먹었다.

또 어떤 것은 바위 위에 떨어져

뿌리를 내리지 못하여 이삭을 맺지 못했다.

그리고 또 다른 것은 가시덤불 위에 떨어져 말라버려

벌레들이 그것을 먹어버렸다.

그리고 어떤 것은 좋은 흙에 떨어져 좋은 결실을 맺어

육십 배 또 백 이십 배가 되었다."

\* \* \*


그대는 좋은 씨앗을 가지고 있다. 그것은 장차 그리스도가 될 가능성을 지닌 씨앗이다. 아니, 그대 자체가 아직 움트지 않은 씨앗이다. 그 씨앗은 내면에서 그대가 발견해주기를 기다리며 잠들어 있다. 그대가 내면에서 잠들어 있는 씨앗을, 그리스도 의식을 발견할 때, 그대는 억겁 동안의 긴 잠에서 깨어나 그리스도가 된다.

예수는 그대의 잠들어 있는 그리스도 의식을 깨우기 위해, 그대가 그리스도가 되기를 염원하면서 씨앗의 비유를 들고 있다.

이제 씨 뿌리는 사람이 한 줌의 씨앗을 가지고 밖으로 나가

그것들을 뿌렸다.

어떤 것은 길 위에 떨어져 새들이 와서 그것을 쪼아 먹었다.

또 어떤 것은 바위 위에 떨어져

뿌리를 내리지 못하여 이삭을 맺지 못했다.

그리고 또 다른 것은 가시덤불 위에 떨어져 말라버려

벌레들이 그것을 먹어버렸다.

그리고 어떤 것은 좋은 흙에 떨어져 좋은 결실을 맺어

육십 배 또 백 이십 배가 되었다.

여기서 '씨 뿌리는 사람'은 특정한 주재자를 지칭하는 것이 아니다. 씨를 뿌리는 주재자는 없다. 하나님이, 전체 생명이자 순수의식이 바로 그리스도 의식이요, 씨앗인 동시에 '씨 뿌리는 자'이다. 그것은 스스로 존재하지 다른 것으로부터 말미암지 않는다.

그리스도 의식은 존재하는 모든 것을 포괄하고 있는 동시에 존재하는 모든 것 속에 있다. 따라서 그리스도 의식이 유일한 실재이다. 그대를 비롯한 모든 사람들이, 모든 생명체가 바로 그리스도 의식이다. 그것은 모든 생명체에 내재해 있지만 스스로를 깨닫지 못하면, 싹을 틔워 활짝 개화하지 못하고 어디까지나 움트지 못한 씨앗으로 머물게 된다.

예수는 씨앗의 상태로 잠들어 있던, 자신의 진정한 정체인 그리스도 의식을 발견하고 그것을 발현시켜서 마침내 그리스도가 되었다. 따라서 그대 또한 그것을 발견하기만 하면 그리스도가 될 가능성을 지니고 있다. 예수는 이 같은 진실을 사람들에게 알려주고자 씨 뿌리는 사람의 비유를 들고 있다. 모든 사람들이 똑같이 그리스도가 될 수 있는 잠재성인 그리스도 의식을 타고났으나, 대부분 사람은 그 씨앗을 싹 틔우지 못하고 썩혀버리고 만다.

그리스도 의식이라는 씨앗을 싹 틔우지 못하는 사람들의 품성을 여기서는 '길 위에', '바위 위에', 그리고 '가시덤불 위에' 떨어진 씨앗으로 비유하고 있다. 그러나 예수와 같은 이는 다른 사람과 똑같은 씨앗이지만 싹을 틔워 의식의 완전한 개화인 그리스도가 되었다. 예수는 이를 좋은 흙 위에 떨어져 자라나서 백 이십 배의 결실을 맺는 씨앗으로 비유하고 있다.

그리스도를 맹목적인 신앙의 대상으로 삼지 말라. 그것은 어리석은 짓이다. 그대 안에 이미 그리스도가 될 씨앗이, 그대가 발견해주기를 기다리며 잠자고 있다. 다만 그것을 발견하기만 하라. 그러면 그것은 싹을 틔우고 자라나 꽃을 피워 그리스도가 된다.


## 제10절 ___ 나는 세상에 불을 던졌다

예수께서 말씀하셨다.

"나는 이 세상에 불을 던졌다.
보라, 나는 그것이 타오를 때까지 지키고 있다."

* * *

나는 이 세상에 불을 던졌다.


예수는 이 세상에 불을 던졌다. 예수의 말씀은 불과도 같다. 그것이 제대로 발화해 불꽃으로 피어나면 이 세상을, 현상계의 모든 것을 태워버릴 수 있다. 그대에게 이 세상이란 무엇인가? 그대가 생각과 관념으로 쌓아올린 환영의 성城이요, 꿈의 궁전이다.

그것은 실재하지 않는다. 아버지의, 참나의 빛이 내리비출 때, 그대가 아는 이 세상은 봄날의 아지랑이처럼, 사막의 신기루처럼 사라진다. 예수의 말씀은 참나의 빛으로부터 나온다. 작은 불씨와도 같은 그의 말씀이 불꽃으로 피어올라 요원의 불길처럼 번져나갈 때는 온 세상을 태워버릴 수 있는 강력한 힘이 있다.

그러나 안타깝게도 예수의 말씀은 2,000년이 지난 지금도 불꽃으로 제대로 피어나지 못하고 잠재된 불씨로만 남아 있다. 예수의 가르침은 곡해되고 종교적 도그마로 덧칠되어 또 다른 실재하지 않는, 관념 속 환영의 세상을 창조하고 말았다. 불행히도 그것이 지난 2,000년 동안 서구 사회를 지배해왔다.

진리는 언젠가는 드러나기 마련이다. 실재하지 않는 것은 영원할 수 없기 때문이다. 〈도마복음〉의 발견을 통해 여태까지 잠재된 불씨로만 남아있던 예수 그리스도의 가르침의 참된 실상이 이제 밝혀지면서 그것은 새로운 불꽃으로 피어날 조짐을 보이고 있다.

보라, 나는 그것이 타오를 때까지 지키고 있다.

예수는 말한다.

"나는 이제 관념 속 환영의 세상을 태워버릴 참나의 불을 던졌다. 지켜보라! 그것이 언젠가는 활활 뜨거운 불꽃으로 타올라 모든 망상을 불태워 버릴 것이다. 그때까지 나는 불씨를 지키고 있겠노라."

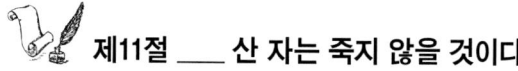

## 제11절 ___ 산 자는 죽지 않을 것이다

예수께서 말씀하셨다.

"이 하늘은 사라질 것이요, 그 위의 하늘도 사라질 것이다.

죽은 자는 살지 못할 것이고

산 자는 죽지 않을 것이다.

너희가 죽은 것을 먹던 날에

너희는 그것을 살게 했다.

너희가 빛 가운데 머물 때 너희는 무엇을 하겠는가?

너희가 하나였던 그날에 너희는 둘이 되었다.

그러나 너희가 둘이 될 때 무엇을 하겠는가?"

\* \* \*

이 하늘은 사라질 것이요 그 위의 하늘도 사라질 것이다.

예수는 제자들에게 말한다.

"보라. 너희 눈에 보이는 저 하늘도, 눈에 보이지 않는 그 위의 하늘
도 사라질 것이다."

예수는 제자들에게 왜 눈에 보이는 하늘이 사라질 것이라고 말하는
가? 그대는 눈에 보이는 모든 것들이 실재한다고 생각한다. 그러나 아니
다. 그것들은 그대 마음에 투영된 이미지이다. 그것은 마치 거울에 비친
이미지와 같다. 그러므로 그것은 환영幻影과도 같이 덧없는 것이다.

영원히 변치 않을 것 같은 저 하늘마저도, 눈으로 볼 수 없이 까마
득히 먼 그 위의 하늘마저도 사라질 것이다. 그것은 마치 꿈속에서 보
는 하늘과도 다를 것이 없기 때문이다.

죽은 자는 살지 못할 것이고
산 자는 죽지 않을 것이다.

누가 '죽은 자'인가? 참 생명인 아버지를, 본성을 알지 못하는 자가 '죽은 자'이다. 죽은 자는 몸은 살아 있어도 망상 속에서 살고 있기 때문에 산 것이 아니다. 하지만 본성을 깨친 자는 진정으로 '산 자'이며, 진정으로 '산 자'는 몸은 사라져도 죽음을 맛보지 않는다.

너희가 죽은 것을 먹던 날에
너희는 그것을 살게 했다.

여기서 '죽은 것'이란 무엇을 가리키는가? 거듭해서 말하지만, 예수의 모든 말씀은 어디까지나 '마음'에 초점을 맞추고 있음을 잊지 말아야만 한다. 여기서 '죽은 것'이란 '나'라는 생각, 즉 에고를 지칭한다. 에고는 단지 생각에 불과한 것이기 때문에 죽은 것이다. 또 여기서 말하는 '먹는다'는 것은 '그것이 허상임을 본다.'라는 뜻으로 해석하면 될 것이다.

따라서 이 말씀의 속뜻은 다음과 같다.

"에고가 생명이 없는 허상임을 보게 됨으로써 너희는 진정한 생명인 참나로, 아버지로 거듭나게 되었다."

너희가 빛 가운데 머물 때 너희는 무엇을 하겠는가?

너희가 아버지를, 참나를 깨달아서 빛 속에, 하늘나라에 있게 될 때, 너희는 무엇을 할 것인가?

너희가 하나였던 그날에 너희는 둘이 되었다.

여기서 '하나'와 '둘'은 무엇을 가리키는가? 이것을 알지 못하면 예수가 도대체 무슨 말을 하고 있는지 종잡을 수가 없게 된다. '하나'는 아버지, 즉 본성이며, '둘'은 생각과 동일시됨으로써 주관과 객관으로 분리되었다는 것을 의미한다. 따라서 "너희가 하나였던 그날에 너희는 둘이 되었다."는 말은 너희는 원래 '하나'인 전체이지만, 생각과 동일시됨으로써 '둘'이 되었다는 것이다.

그러나 너희가 둘이 될 때 무엇을 하겠는가?

이제 너희는 현상계에서 아버지인 전체와 분리된 에고로서 살아가고 있다. 이제 너희는 무엇을 해야만 할 것인가? 너희 안의 아버지를 깨달아서 다시 하나로 돌아가야만 하지 않겠는가?

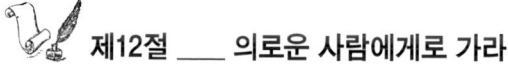

## 제12절 ___ 의로운 사람에게로 가라

제자들이 예수께 말했다.
"당신께서 저희를 떠나실 것을 압니다.
그러면 누가 저희의 지도자가 됩니까?"
예수께서 그들에게 말씀하셨다.

*"너희가 어디에 있든지 의로운 사람인 야고보에게 갈 것이다.*
*그를 위하여 하늘과 땅이 생겨났기 때문이다."*

\* \* \*

*당신께서 저희를 떠나실 것을 압니다.*
*그러면 누가 저희의 지도자가 됩니까?*

제자들이 예수에게 묻는다.

"저희는 머지않아 선생님께서 떠나실 것을 압니다. 그러나 저희는 아직 아버지 나라를 발견하지 못했습니다. 선생님이 떠나시면 저희를 아버지 나라로 이끌어주실 분이 없습니다. 저희는 누구에게로 가서 가르침을 받아야만 합니까?"

*너희가 어디에 있든지 의로운 사람인 야고보에게 갈 것이다.*
*그를 위하여 하늘과 땅이 생겨났기 때문이다.*

예수의 말씀 가운데 '야고보'가 특정한 누구인지는 중요하지가 않다. 그보다는 야고보가 '의로운 사람'이라는 사실에 주목하라. 여기서 '의로운 사람'이라는 것은 '옳고 그름'으로 이분법적으로 분별할 때 옳은 사람이라는 말이 아니다. '의롭다'는 것은 옳고 그름의 분별을 넘어서 있다는 뜻이다.

어떻게 그것을 알 수 있는가? 그것은 예수가 야고보를 위해 하늘과 땅이 생겨났다고 말했기 때문이다. 야고보를 위해 하늘과 땅이 생겨났다는 말은 무슨 뜻인가? 그것은 야고보가 하늘과 땅보다 먼저이며, 우위에 있다는 말이다. 그가 하늘과 땅보다 먼저인 것은 자기 안에서 하늘과 땅이 생겨나기 이전부터 있었던 것을 발견했기 때문이다.

모두에게 하늘과 땅이 생겨나기 이전부터 있는 것은 무엇인가? 나지도 않고 죽지도 않는 것은 무엇인가? 하나님이요, 아버지 나라가 아닌가? 야고보는 이미 내면에서 아버지 나라를 발견한 사람이다. 그래서 예수는 그를 '의로운 사람'이라고 불렀던 것이다. 하나님을 이미 발견한 사람만이 다른 사람들을 아버지 나라로 이끌 수 있기 때문에 예수는 제자들에게 야고보에게 가라고 말하고 있는 것이다.

예수는 제자들에게 말한다.

"내가 없더라도 너희가 어디에 있든지 의로운 사람인 야고보를 찾아가거라. 그는 이미 아버지 나라를 발견했기 때문에 너희를 그곳으로 이끌어 줄 수 있기 때문이다."

나는 불을 주러 왔다

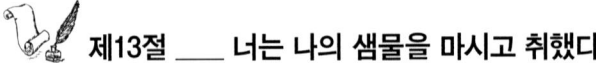

## 제13절 ___ 너는 나의 샘물을 마시고 취했다

예수께서 그의 제자들에게 말했다.

"나를 다른 사람과 비교해서 내가 누구와 같은지 말해보라."

시몬 베드로가 예수께 말했다.

"선생님은 정의로운 사자使者와 같습니다."


마태가 예수께 대답했다.

"선생님은 지혜로운 철학자와 같습니다."


도마가 예수께 말했다.

"선생님, 저는 당신이 무엇과 같은지 제 입으로는

아무것도 말할 수 없습니다."


예수께서 말씀하셨다.

"나는 너의 선생님이 아니다.

너는 내게서 솟아나는 샘물을 마시고 취했기 때문이다."


그리고 예수께서 그를 데리고 물러나서는 그에게 세 가지를 말씀하셨다.

도마가 그의 동료들에게 돌아오자

그들이 도마에게 물었다.

"예수께서 그대에게 뭐라고 말씀하셨는가?"


도마가 그들에게 말했다.

"만일 예수께서 내게 말씀하신 것 가운데 하나라도 그대들에게 말한다면

그대들은 돌을 집어 들어 나를 칠 것이네.

그러면 그 돌에서 불길이 솟아나

그대들을 불살라 버릴 것이야."

\* \* \*

〈도마복음〉의 이 절을 자세히 읽어보면 정말 재미있다. 예수가 살았던 그 시대, 제자들과 대화하는 장면들이 한 편의 드라마처럼 생생하게 눈앞에 그려진다.

나를 다른 사람과 비교해서 내가 누구와 같은지 말해보라.

예수가 제자들에게 던진 이 질문은 단순한 심심풀이용이 아니다. 예수가 자신의 가르침의 속뜻을 잘 이해했는지 제자들을 테스트해보기 위해 건넨, 일종의 중간고사와 같은 시험문제이다.

"너희는 내가 무엇과 같은지 말해보라." 예수는 왜 이 질문을 제자들에게 던졌을까? 제자들의 대답을 들어보면 그들이 자신을 제대로 이해했는지, 눈에 보이는 육신을 입은 예수가 아니라 전체 생명으로서, 참나로서의 예수를 제대로 알아차렸는지 알 수가 있기 때문이다.

선생님은 정의로운 사자使者와 같습니다.

시몬 베드로가 먼저 대답한다.

"당신은 세상의 불의를 바로잡기 위해 하늘에서 내려온 정의로운 사

자使者와 같습니다."

그러나 그의 화살은 과녁을 빗나갔다. 그래서 예수는 그의 대답에 아무런 코멘트도 하지 않는다.

선생님은 지혜로운 철학자와 같습니다.

이어 마태가 나서서 예수에게 대답한다.

"당신의 말씀을 들어보면 언제나 논리 정연하고 지혜로 가득 차 있습니다.

그러므로 당신은 지혜로운 철학자와 같습니다."

그러나 예수는 베드로와 마찬가지로 마태의 대답에 대해서도 한 마디도 논평하지 않는다. 그의 대답 또한 과녁에 적중하지 못했기 때문이다.

선생님, 저는 당신이 무엇과 같은지 제 입으로는
아무것도 말할 수 없습니다.

이때, 뒤에서 가만히 예수와 다른 제자들과의 대화를 지켜보고 있던 도마가 대답한다.

"스승이시여, 제 입으로는 당신이 누구와 같은지 아무것도 말할 수 없습니다."

잘 보라. 여기서 도마는 왜 "저는 당신이 누구와 같은지 아무것도 말할 수 없습니다."라고 하지 않고 "'제 입으로는 당신이 누구와 같은지 아무것도 말할 수 없습니다."라고 말했을까? 여기서 겉으로 드러나지는 않았지만, 도마는 예수에게 이렇게 말하고 있다.

"스승이시여, 저는 당신이 누구인지 알고 있습니다. 그러나 말로 표현할 수는 없습니다. 그것은 말로 표현할 수 없는, 말로 전달할 수 없는 진리이기 때문입니다."

나는 너의 선생님이 아니다.
너는 내게서 솟아나는 샘물을 마시고 취했기 때문이다.

예수는 도마의 대답을 듣고 나서 그에게 말한다. 예수는 도마가 말씀의 속뜻을, 순수의식을 깨달았음을 알았기 때문이다.

"이제 나는 너의 스승이 아니다. 왜냐하면, 너는 내게서 솟아나는 생명의 샘물에 취했기 때문이다. 이제 너 또한 나와 같이 '아버지의 아들'이다."

보라! 예수는 얼마나 솔직 담백한가? 그는 스승으로서의 권위를 내세워 제자들 위에 군림하려 하기보다는 제자가 깨달았을 때, 그가 자신과 같은 자리에 있음을 인정한다. 이를 보면 예수는 진리의 스승으로서의 능력과 자질을 갖추었음이 분명하다.

여기서 예수가 '솟아나는' 샘물이라고 굳이 표현한 것은 살아있는 생명을 은유적으로 암시한 것이다. 사실, 깨달음은 생명의 샘물에, 존재의 샘물에 취하는 것과 같다. 그 샘물은 아무런 맛도, 빛깔도, 냄새도 없다. 그러나 그 물을 마시고 취하면 일체의 목마름에서, 불안과 두려움, 근심과 걱정, 그리고 고통에서 해방된다.

그리고 예수께서 그를 데리고 물러나서는 그에게 세 가지를 말씀하셨다.

그리고 예수는 도마를 데리고 다른 제자들이 없는 곳으로 가서 그에게 세 가지 더 비밀의 가르침을 전해준다. 아마 깨달음 이후에 수행에 있어 유의할 점 같은 것이리라.

예수께서 그대에게 뭐라고 말씀하셨는가?

베드로를 비롯한 제자들은 예수와 도마 사이에 자신들이 모르는 무언가 심상치 않은 일이 벌어지고 있음을 직감한다. 그래서 제자들은 도마가 그들이 있는 곳으로 돌아오자 함께 몰려가서 다그쳐 묻는다.

"혹시 선생님께서 너에게만 비밀의 말씀을 전해주었니? 무엇이라 말씀하셨니?

정말 궁금해. 너만 알고 있지 말고 우리에게도 좀 말해줘."

만일 예수께서 내게 말씀하신 것 가운데 하나라도 그대들에게 말한다면
그대들은 돌을 집어 들어 나를 칠 것이네.

도마는 마지못해 그들에게 말한다.

"너희들은 그분의 말씀 속뜻을 아직 소화할 수가 없어. 너희들의 의식은 그럴 수 있는 계제에 있지 않아. 그래서 만일 그분께서 내게 하신 말씀 중 한 가지라도 너희들에게 말하면, 너희들은 그 속뜻을 이해하지 못하고 도리어 화를 내면서 길가의 돌들을 집어서 나를 치게 될 거야."

그러면 그 돌에서 불길이 솟아나

그대들을 불살라 버릴 것이야.

"그러면 오히려 너희의 불같은 분노가, 생명의 진리에 대한 무지가
너희 자신을 삼켜버릴 것이야."

 **제14절 ___ 입에서 나오는 것이**

예수께서 그들에게 말씀하셨다.

"만약 너희들이 금식한다면 너희 자신에게 죄를 불러올 것이다.

너희들이 기도하면 비난받을 것이며,

너희들이 자선을 베푼다면 너희 영혼에 해가 될 것이다.

너희들이 어느 지방으로 가서 마을을 지날 때,

그 지역 사람들이 너희를 초대하면

그들이 대접하는 대로 먹고 그들 가운데 아픈 사람을 치료해주라.

입으로 들어가는 것이 너희를 더럽히는 것이 아니라

너희들 입에서 나오는 것이 너희를 더럽히기 때문이다."

\* \* \*

만약 너희들이 금식한다면 너희 자신에게 죄를 불러올 것이다.

너희들이 기도하면 비난받을 것이며,

너희들이 자선을 베푼다면 너희 영혼에 해가 될 것이다.

이 구절은 얼핏 보기에는 상식적으로 이해가 되지 않을 것이다. 여러 신학자와 가톨릭 신부들은 이 구절을 들어 〈도마복음〉이 성경으로서의 가치를 지니지 못할 뿐 아니라, 정경으로 채택되지 못한 이유라고 말하기도 한다. 그러나 이 같은 주장은 예수가 그 당시 이 같은 말을 하게 된 배경과 말씀의 숨어 있는 진의와 전체적인 맥락을 꿰뚫지 못하고 자구의 해석에 얽매인 결과에 지나지 않는다.

이 구절은 제자들이 올바른 금식과 기도, 자선에 대해 예수에게 묻고 있는 6절의 내용과 연장선에 있음을 간과해서는 말씀의 진정한 의미를 파악할 수가 없다. 여기서 예수는 진정한 의미는 망각한 채 당시 유대 사회에서 일반적으로 행해지고 있던 형식적이고 남에게 보여주기 위한 가식적인 금식과 기도, 자선에 대해 제자들에게 말하고 있다. 따라서 이 구절은 예수가 당시에 일반적으로 행해지고 있던 금식과 기도, 자선에 대해 비판적으로 지적하고 있음을 간과하면 전혀 엉뚱한 방향으로 이해하게 된다.

여기서 예수는 제자들에게 이렇게 말하고 있다.

"너희들이 지금 사람들이 일반적으로 행하고 있는 것처럼 다른 사람들에게 보여주기 위해 가식적으로 금식을 행한다면 자신에게 죄를 불러올 것이다. 너희들이 이웃이 아닌 자신을 위해 기도한다면 비난받을 것이며, 너희들이 되돌아올 보답이나 죽은 뒤 천국에 가기 위해 자선을 베푼다면 너희 영혼에 해가 될 것이다."

예수는 에고적인 관점에서 금식과 기도, 자선을 행한다면 자신의 영적인 성장에 오히려 해가 될 것이라고 제자들에게 경계하고 있는 것이다.

너희들이 어느 지방으로 가서 마을을 지날 때,

그 지역 사람들이 너희를 초대하면

그들이 대접하는 대로 먹고 그들 가운데 아픈 사람을 치료해주라.

입으로 들어가는 것이 너희를 더럽히는 것이 아니라

너희들 입에서 나오는 것이 너희를 더럽히기 때문이다.

이어서 예수는 복음을 전파하기 위해 다른 지역을 방문하는 제자들에게 이렇게 훈계한다.

"너희들이 어느 지역을 방문하든 그 지역 사람들의 초대를 받는 경우 고지식하게 율법에서 금기시하는 음식을 가려서 먹지 말고 그들이 주는 대로 먹어라. 그리고 영적으로나 육체적으로나 아픈 사람이 있으면 치료해 주라. 음식을 가리지 말고 먹으라는 것은 음식이 너희들을 더럽히는 것이 아니기 때문이다. 오직 입에서 나오는 말이 너희들의 나쁜 생각을 반영할 때 너희를 더럽힌다."

## 제15절 ___ 여자에게서 태어나지 않은 이

여자에게서 태어나지 않은 이를 보거든

머리를 숙이고 경배하라.

그가 바로 너희 아버지다.

\* \* \*

수수께끼 같은 말이다. 도대체 여자에게서 태어나지 않은 이가 누구란 말인가? 기독교는 예수의 이 말씀을 곡해해서 지난 2,000년 동안 성모 마리아의 동정녀 수태설이라는 황당한 교리를 사람들에게 강요해왔다. 예수를 신성화하고 신神과 인간이라는 이원적인 주종관계를 설정하여 '인간-성직자-예수-하나님'이라는 기독교의 위계체제를 교리화하기 위해서는 필요한 우상화 작업이었다. 그래서 기독교인들은 예수가 요셉과 마리아의 성적 결합에 의해 태어난 것이 아니라, 성령에 의해 잉태되어 태어났다는 납득할 수 없는 교리를 받아들여야만 했다.

여자에게서 태어나지 않은 이를 보거든
머리를 숙이고 경배하라.
그가 바로 너희 아버지다.

여기서 예수가 말하는 '여자에게서 태어나지 않은 이'는 육신을 가리키는 것이 아니다. 육신으로서의 사람은 누구나 여자에게서 태어난다. 어느 누구도 예외 없이 부모의 성적결합을 통해 세상에 나온다. 그러면 '여자에게서 태어나지 않은 이'는 무엇을 가리키는가?

그가 바로 너희 아버지다.

예수는 그가 바로 '아버지', 즉 하나님이라고 말한다. 여자에게서 태어나지 않은 그는, 아니 그것은 바로 본성, 즉 그리스도 의식이다. 그것은 스스로 존재하는 동시에 없는 곳이 없다. 그것은 태어나지 않는다. 태어나지 않기 때문에 죽음도 없다. 무시무종無始無終이요, 불생불멸不生不滅이다.

그래서 예수는 그것을 '여자에게서 태어나지 않은 이'이며, '너희 아버지'라고 제자들에게 말하고 있는 것이다. 그러나 그것은 형상이 없기 때문에 육안으로는 볼 수가 없다. 반드시 그것을 볼 수 있는 영적인 눈이 있어야만 알아볼 수가 있다.

'여자에게서 태어나지 않은 이'는 내면에서 그리스도 의식을 발견한 사람이다. 그리하여 그리스도 의식으로 사는 사람이다. 예수는 본래부터 타고난 그리스도 의식을 스스로 깨달음으로써 그리스도가 되었다. 고타마 싯달타 또한 자신의 본성을 각성함으로써 붓다가 되었다. '그리스도'와 '붓다'는 같은 것을 가리키는 다른 이름일 뿐이다.

사람들은 전통적으로 '여자에게서 태어나지 않은 이'에 대해 '성인聖人'이라 칭하며 얼굴을 땅에 대고 엎드려 경배해왔다. 그는 여자에게서 태어난 필멸의 육신을 넘어서 불멸의 궁극을 알았기 때문이다.

그대가 태어나지 않은 그것임을 아는 순간, 그대는 죽음을 넘어서게 된다. 그대 또한 그리스도가 될 씨앗을 품고 있다. 다만 그리스도 의식이 무엇인지를 그대 내면에서 발견하기만 하면 된다. 그것은 결코 어렵지가 않다. 참 자기를 알고 싶다는 의지와 관심, 그리고 약간의 용기만 있으면 된다.


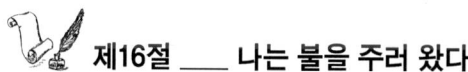 **제16절 ___ 나는 불을 주러 왔다**

예수께서 말씀하셨다.

"사람들은 아마 내가 세상에 평화를 주기 위해 온 것으로 생각할 것이다.

그들은 내가 이 땅에 분쟁을,

불과 칼과 전쟁을 주러 온 것을 모르고 있다.

다섯 식구가 있는 집에 셋이 둘에게 맞서고,

둘이 셋에게 맞서고,

아버지가 아들에게 맞서고,

아들이 아버지에게 맞설 것이다.

모두가 홀로 설 것이다."

\* \* \*

사람들은 아마 내가 세상에 평화를 주기 위해 온 것으로 생각할 것이다.

그들은 내가 이 땅에 분쟁을,

불과 칼과 전쟁을 주러 온 것을 모르고 있다.


그때나 지금이나 대부분 사람은 예수가 이 땅에 평화와 사랑을 전해주러 왔다고 생각한다. 그러나 여기서 예수는 대부분 사람의 이 같은 믿음을 부정한다.

예수는 말한다.

"사람들은 내가 이 땅에 분쟁을, 불과 칼과 전쟁을 주러 왔다는 것을 모르고 있다."

곧이곧대로 듣는다면 오해하기 쉬운 말이다. 여기서 예수는 자신이 평화보다는 분쟁을, 불과 칼과 전쟁을 주러 왔다고 말한다. 예수는 왜 이런 말을 하고 있을까? 10절에서 이미 본 것처럼 예수의 가르침은 마치 불과도 같다. 그것은 환영으로 이루어진 현상 세계를 삼켜버리는 불꽃과도 같다.

어째서 그러한가? 예수의 가르침은 개념으로 이루어진 현상 세계를 부정하기 때문이다. 진리는 개념 속에 있는 것이 아니기 때문이다. 따라서 예수의 가르침을 따르자면 현상세계를 이루고 있는 관념은 무너질 수밖에 없다. 그래서 필연적으로 기존의 관념을 따르는 사람들과 예수의 가르침을 따르는 사람들 사이의 분쟁이 생기게 마련이다.

> 다섯 식구가 있는 집에 셋이 둘에게 맞서고,
>
> 둘이 셋에게 맞서고,
>
> 아버지가 아들에게 맞서고,
>
> 아들이 아버지에게 맞설 것이다.

같은 식구들 가운데서도 진리를 따르는 사람과 기존의 관념을 추종하는 사람과의 분쟁이 있을 것이다. 형제들끼리도 서로 맞서고, 아버지와 아들도 서로 다투게 될 것이다. 그러나 이것은 어디까지나 모두에게 아버지 나라가 임하기 전의 과도기에 불과하다.

> 모두가 홀로 설 것이다.

결국은 모두가 홀로 설 것이다. 홀로 서게 된다는 것은 무엇을 말함인가? 모든 사람들이 자기 안의 아버지를, 하나님을 발견해서 둘 없는 하나인 전체로서, 홀로 서게 된다는 것이다. 하나님은 전체이자 하나이기 때문에 자기 안의 하나님을 깨달은 사람은 홀로 설 수밖에 없기 때문이다. 모두가 홀로 선 이후에는 몸은 따로이지만 영靈으로서는 하나로 존재하게 된다. 모두가 홀로 선 이후에는 '나' 아닌 다른 사람은 없기 때문에 다툼은 자연히 사라진다.

# 제17절 ___ 생각한 적이 없는 것을 주겠노라

예수께서 말씀하셨다.

"나는 너희에게 어떤 눈도 보지 못했고

어떤 귀도 듣지 못했고

어떤 손도 만지지 못했으며,

마음으로 생각한 적이 없는 것을 주겠노라."

* * *

나는 너희에게 어떤 눈도 보지 못했고

어떤 귀도 듣지 못했고

어떤 손도 만지지 못했으며,

마음으로 생각한 적이 없는 것을 주겠노라.

예수는 아무것도 가진 것이 없다. 그는 눈으로 볼 수 있는 것은 아무것도 가진 것이 없다. 그러면서도 예수는 동시에 모든 것을 가졌다. 아니, 그 자신이 모든 것이다.

그러나 예수가 가진 그것은, 예수의 진정한 정체는 눈으로는 결코 볼 수가 없다. 귀로도 결코 들을 수가 없다. 손으로도 결코 만질 수가 없다. 그대의 마음에도 결코 떠올릴 수가 없다.

그대는 그것이 무엇인지 상상할 수 있는가? 그대는 그것이 무엇인지 생각할 수 있는가? 그대는 그것을 상상할 수도, 생각할 수도 없다. 그러나 그대가 그것을 알면, 모든 것을 아는 동시에 모든 것을 가질 수 있다. 그대가 모든 것이 된다. 예수는 이것을 그대에게 전해주고자 한다. 이것이 예수가 그대에게 알려주고자 하는 말씀의 속뜻이다.

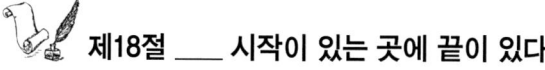# 제18절 ___ 시작이 있는 곳에 끝이 있다

제자들이 예수께 물었다.

"저희의 끝이 어떠할지 말씀해 주십시오."

예수께서 대답했다.

"너희는 시작을 찾았느냐? 그래서 이제 끝을 찾는 것이냐?

왜냐하면, 시작이 있는 곳에 끝이 있기 때문이다.

시작에 서 있는 사람은 복이 있나니

그는 끝을 알게 될 것이며,

죽음을 경험하지 않을 것이다."

\* \* \*

저희의 끝이 어떠할지 말씀해 주십시오.

예수와 제자들과의 이 대화에서 키워드는 '끝'과 '시작'이다.

시작과 끝은 어디까지나 상대적인 개념이다. 그래서 시작이 없으면 끝도 없고, 끝이 없으면 시작도 없다. 따라서 제자들이 끝에 대해서 묻자 예수는 동시에 시작도 함께 거론하고 있는 것이다.

그러나 이 대화에서 제자들이 묻고 있는 자신들의 끝과 예수가 말하는 끝이 가리키는 바가 무엇인지는 비밀스러운 가르침의 특성상 겉으로 확연하게 나타나 있지 않다.

제자들은 과연 어떤 것의 끝을 알고 싶어 하는가?

그들이 말하는 끝은 자신들의 죽음을 말하는가, 아니면 인류의 종말을 말하는가?

〈도마복음〉을 자세하게 읽어보면, 예수는 개인의 죽음이나 인류의 종말 같은 데는 관심이 없다는 것을 알 수 있다. 예수의 관심은 오로지 죽음을 경험하지 않는 '아버지', '하늘나라'에 초점을 맞추고 그것을 제자들에게 깨닫게 해주려고 노력하고 있다.

제자들 또한 죽음을 겪지 않아도 되는 '아버지 나라'를 알기 위해서 예수 밑에서 공부하고 있는 것이다. 그런 제자들이 새삼스럽게 개인의 죽음이나 인류의 종말에 대해 물을 이유가 없지 않은가?

여기서 '우리의 끝'이란 개인의 죽음이나 인류의 종말을 의미하고 있지 않다.

왜냐하면, 예수의 답변이 죽음이나 종말이 아닌 다른 것에 초점을 맞추고 있기 때문이다.

여기서 제자들은 예수에게 단순하게 이렇게 묻고 있다.

"선생님, 저희들 공부의 끝이 어떻게 될 것인지 궁금합니다. 저희가 이 공부를 마치면 선생님이 말씀하시는 하늘나라에 가게 되나요? 말씀해주십시오."

> 너희는 시작을 찾았느냐? 그래서 이제 끝을 찾는 것이냐?
> 왜냐하면, 시작이 있는 곳에 끝이 있기 때문이다.
> 시작에 서 있는 사람은 복이 있나니
> 그는 끝을 알게 될 것이며,
> 죽음을 경험하지 않을 것이다.

예수는 제자들에게 대답한다.

"너희는 이 공부의 끝을 알려고 하는데, 그러면 이 공부의 시작이 어딘지는 발견했는가? 시작이 있는 곳에 끝이 있기 때문에 먼저 시작을 알게 되면 저절로 끝 또한 알게 되느니라. 따라서 끝을 알려고 하면 먼저 시작을 알아야만 한다."

계속해서 예수는 말한다.

"시작과 끝은 다르지 않다. 이 공부의 시작과 끝은 '시작'과 '끝'이라는 상대적인 개념을 넘어서는 데 있다. 개념과 생각을 넘어서면 온통 아버지 나라요 생명의 자리이기 때문에 다른 것이 없다. 생명의 자리에 서 있는 자에게는 복이 있을 것이다. 그는 태어나고 죽음이 없다는 것을 알게 됨으로써 죽음을 경험하지 않을 것이다."

## 제19절 ___ 태어나기 전에 존재한 자

예수께서 말씀하셨다.
"태어나기 이전에 존재한 자는 행복하다.
만약 너희가 나의 제자가 되어 내 말에 귀 기울이면
이 돌들이 너희를 섬길 것이다.

너희를 위해 낙원에 준비된 다섯 그루 나무가 있다.
이 나무들은 여름에도 겨울에도 변하지 않고
잎사귀도 떨어지지 않는다.
이 나무를 깨닫는 사람은 누구나
죽음을 맛보지 않을 것이다."

\* \* \*

태어나기 이전에 존재한 자는 행복하다.

만약 너희가 나의 제자가 되어 내 말에 귀 기울이면

이 돌들이 너희를 섬길 것이다.


여기서 예수가 말하는 '태어나기 이전에 존재한 자'는 누구를 말함인가? 예수의 이 말씀은 '부모가 태어나기 이전의 너의 본래면목은 무엇인가?'라는 선禪의 화두와 놀랍도록 유사하지 않은가? '태어나기 전부터 존재한 자'란 무엇을 가리키는가?

예수는 여기서 그대의 진정한 정체는 무엇이냐고 묻고 있다. '태어나기 전부터 존재한 자'가 바로 15절에서 언급한 '여자에게서 태어나지 않은 이'이다. '태어나기 이전에 존재한 자'를 깨달은 이는 행복하다. 무엇 때문에 그는 행복한가? 그는 영원한 생명을 발견해 죽음을 경험하지 않을 것이기 때문이다.

예수는 하늘나라에 대해 궁금해하는 제자들에게 비유를 들어 설명한다.

"만약 너희가 내 제자가 되어 내 말에 귀 기울인다면, 너희가 태어나기 이전에 존재한 자가 되어 영원한 행복을 얻는 동시에 죽음을 겪지 않을 것이다. 그렇게 되면 여기 길가의 돌들조차도 너희를 우러러 섬길 것이다."


너희를 위해 낙원에 준비된 다섯 그루 나무가 있다.

이 나무들은 여름에도 겨울에도 변하지 않고

잎사귀도 떨어지지 않는다.

이 나무를 깨닫는 사람은 누구나

죽음을 맛보지 않을 것이다.

다섯 그루의 나무는 무엇을 상징하는가? 그것은 언제나 살아있는 전체 생명을 가리킨다. 모습으로 드러난 개개의 생명체는 시간의 흐름에 따라 겉모습은 변하지만, 그것을 살아있게 하는 보이지 않는 생명 자체는 시간의 흐름과 계절의 변화에 전혀 영향을 받지 않는다. 생명은 없는 곳이 없고, 오지도 가지고 않으며, 따라서 태어나지도 죽지도 않는다. 그것은 계절이 바뀌어도 결코 변하지 않고 잎사귀도 떨어지지 않는다.

예수는 제자들에게 말한다.

"너희가 나의 가르침을 잘 듣고 속뜻을 발견해 너희 안의 생명의 나무를 깨닫는 사람은 누구나 죽음을 맛보지 않을 것이다."

## 제20절 ___ 하늘나라는 겨자씨와 같다

제자들이 예수께 물었다.

"하늘나라는 무엇과 같은지 저희에게 말씀해 주십시오."

예수께서 그들에게 말씀하셨다.

"하늘나라는 겨자씨와 같다.

그것은 씨 중에서 가장 작은 씨이다.

그러나 그것이 좋은 흙 위에 떨어지면

커다란 나무로 자라나

하늘의 새들을 위한 쉼터가 될 것이다."

\* \* \*

19절에 이어 20절에서도 하늘나라에 대한 예수의 설명이 이어진다. 이 대화를 보면 제자들의 관심은 온통 '하늘나라'에 가 있음이 역력하게 드러난다.

하늘나라는 무엇과 같은지 저희에게 말씀해 주십시오.

제자들은 이미 하늘나라를 발견한 예수에게 그곳의 실상에 대해 묻고 있다. 그들은 예수가 말하는 하늘나라가 내면인 마음속이 아니라, 어디엔가 공간을 차지하고 있는 유토피아 정도로 머릿속에 그리고 있다.

제자들은 예수에게 이렇게 묻고 있다.

"선생님이 발견한 하늘나라가 어떠한지 저희들에게 말씀해 주십시오. 그곳의 모습이 궁금합니다. 저희들도 어서 빨리 그곳에 가서 편히 쉬고 싶습니다."

예수는 아직도 하늘나라가 마음속에 있다는 것을 모르는 대다수 제자에 대해 내심 안타깝게 여긴다. 그러나 이미 깨어난 도마를 제외한 그의 제자들은 아직 존재의 실상을 받아들일 수 있는 준비가 되어 있지가 않다. 아직 의식이 그만큼 성숙하지 못했기 때문이다. 그래서 예수는 또다시 제자들에게 하늘나라에 대해서 비유를 들어 말한다. 언젠가 그들도 자신들 내면에 있는 하늘나라를 발견하게 되기를 희망하면서.

하늘나라는 겨자씨와 같다.

그것은 씨 중에서 가장 작은 씨이다.

"하늘나라는 아주 작은 한 알의 겨자씨와도 같다. 그것은 너무 작아서 눈으로 봐도 보이지 않을 만큼 작다. 가장 작은 것보다도 더 작다고 할 수 있다."

그러나 그것이 좋은 흙 위에 떨어지면

커다란 나무로 자라나

하늘의 새들을 위한 쉼터가 될 것이다.

"그러나 그것이 메마른 땅이 아니라, 잘 경작된 좋은 흙 위에 떨어지면 한 그루의 큰 나무로, 온 우주가 깃들 수 있는 나무로 자라나 모든 존재들이 편히 쉴 수 있는 보금자리가 된다."

여기서 예수가 말하는 '겨자씨'란 무엇을 가리키는가? 그것은 아무런 이름이 없다.

하지만 예수는 마지못해 그것을 '그리스도'라고 불렀다. 그러나 그 겨자씨가 메마른 땅에 떨어져도 싹을 틔워서 큰 나무로 자라는 것이 아니다. 잘 경작된 땅, 적당히 습기를 머금은 땅의 좋은 흙 위에 떨어져야만 싹을 틔우고 마침내 큰 나무가 되어 하늘을 나는 수많은 새의 보금자리가 되는 것이다.

"그대가 본래부터 타고난 본성을, 그리스도 의식인 겨자씨를 발견해 그것을 잘 키워나가면 마침내 뭇 생명들이 깃들어 쉴 수 있는 쉼터가 될 것이다."

여기서 예수의 비유는 인도인들의 비유에 비해서는 아주 소박하지 않은가? 인도인들은 그것(겨자씨)을 작기는 바늘구멍보다 더 작고, 크기는 삼천대천세계가 다 들어갈 정도로 크다고 표현하곤 한다. 사실 그것은 크기가 없다. 크기가 없기 때문에 현미경으로 겨우 볼 수 있는 구멍 속에도 들어갈 수 있을 만큼 작고, 또한 그 속에 온 우주가 다 들어갈 만큼 큰 것이다.

겨자씨는 어디에 숨겨져 있는 것이 아니다. 지금 그대 눈앞에 훤히 드러나 있다. 그대는 다만 그것을 발견하기만 하면 된다. 그대가 그것이다. 그대 안의 겨자씨를 발견하라. 그대가 그것을 발견해서, 싹을 틔우게 된다면 그것은 거목으로 자라나 뭇 생명들이 깃들 수 있다. 하지만 만약 발견하지 못하면, 그것은 메마른 땅에 떨어져 말라죽고 말 것이다.

## 제21절 ___ 세상을 경계하라

마리아가 예수께 말했다.

"당신의 제자들은 누구와 같습니까?"

예수께서 말씀하셨다.

"그들은 그들의 것이 아닌 땅에 거주하는 어린아이들과 같다.

그 땅의 주인들이 와서 말할 것이다.

'우리 땅을 돌려다오.'

그 어린아이들은 주인들에게 땅을 돌려주기 위해 그들 앞에서 옷을 벗고

땅을 되돌려 줄 것이다.

그러므로 나는 말한다.

만약 집주인이 도둑이 올 것을 안다면,

미리 경계를 서서 도둑이 집안으로 침입해 자신의 물건들을

가지고 가지 못하게 할 것이다.

그러므로 너희는 세상에 대해 경계하라.

도둑이 너희가 있는 곳을 침입하지 못하도록

너희 스스로 강력한 힘을 갖추어라.

너희가 예상하는 어려움이 닥칠 것이기 때문이다.


너희 가운데 이해하는 자가 있도록 하라.

곡식이 익으면, 그가 재빨리 낫을 들고 그것을 거둘 것이다.

듣는 귀가 있는 자는 누구든지 명심해 들어라."

\* \* \*

당신의 제자들은 누구와 같습니까?


막달라 마리아가 예수에게 묻는다.

"당신의 제자들은 어떤 의식 수준에 있습니까? 그들에 대해 말씀해주십시오."

13절에서도 볼 수 있는 바와 같이, 〈도마복음〉에 나오는 예수의 제자들은 도마를 제외하고는 아직 하늘나라를 발견하지 못한 것으로 묘사된다. 다시 말하면 참된 깨달음에 도달하지 못한 사람들로 나온다. 마리아도 이 같은 견지에서 제자들의 공부수준에 대해 예수에게 묻고 있다.


그들은 자기 소유가 아닌 땅에 살고 있는 어린아이들과 같다.

땅 주인이 오면 그들에게 말할 것이다.

'우리 땅에서 떠나라.'

그 어린아이들은 땅 주인 앞에서 옷을 벗고

그들의 땅을 되돌려 줄 것이다.


이 물음에 대해 예수는 어디까지나 비유로 대답한다.

"그들은 아무것도 모른 채 자기 땅에 살고 있는 것처럼 보이지만 사실은 자기 소유가 아닌 땅에 살고 있는 어린아이와 같다. 그래서 땅 주인이 오면 그 땅에 대한 소유권을 주장하면서 '우리 땅에서 떠나라'고 그들에게 요구할 것이다. 그러면 그 아이들은 땅 주인 앞에서 옷을 벗고 땅을 되돌려 줄 것이다."

예수의 말씀에 따르면 제자들은 자기 소유가 아닌 땅에 살고 있다. 그러면 여기서 '땅'이 가리키는 바는 무엇인가? 땅은 다른 말로 말하면 '세상'이요 '세계'이다. 예수의 제자들은 그들의 소유가 아닌 세상에 살고 있다는 말이다. 예수는 무엇 때문에 그들이 자기 소유가 아닌 땅에 살고 있다고 말하는가?

제자들은 실재가 아닌, 개념과 생각 속의 세상에서 살고 있기 때문이다. 개념과 생각 속의 세상은 실재하는 것이 아니라 환영 속의 세상이다. 그래서 예수는 제자들을 '자신의 소유가 아닌 땅에 살고 있는 세상 물정을 모르는 어린아이'라고 비유적으로 표현하고 있는 것이다. 그래서 언젠가 땅 주인이 나타나 '우리 땅에서 떠나라.'고 그들에게 요구한다는 것은 때가 되면 그들이 살고 있는 세상에 대한 환영에서 깨어나게 된다는 것을 의미한다. 그러면 그들은 땅 주인인 실재 앞에서 관념의 옷을 벗고 환영의 세상을 떠나게 될 것이다.

그러므로 나는 말한다.

만약 집주인이 도둑이 올 것을 안다면,

미리 경계를 서서 도둑이 집안으로 침입해 너희 물건들을

가지고 가지 못하게 할 것이다.

그러므로 너희는 세상에 대해 경계하라.


"그래서 나는 말한다. 너희는 생각이 지어내는 환영의 세상에 대해 경계해야만 한다.

너희가 도둑이 올 것을 안다면, 미리 경계를 서서 도둑이 집안으로 침입해 너희 물건을 가지고 가지 못하게 할 것이다. 이와 마찬가지로 너희 마음속에 생각과의 동일시가 일어날 것임을 안다면, 언제나 깨어 있어 생각에 끌려가지 않아야 할 것이다. 그러므로 너희는 아무쪼록 환영의 세상을 지어내는 생각에 대해 경계해야만 한다."


도둑이 너희가 있는 곳을 침입하지 못하도록

너희 스스로 강력한 힘을 갖추어라.

너희가 예상하는 어려움이 닥칠 것이기 때문이다.

너희 가운데 이해하는 자가 있도록 하라.


"도둑과 같은 망상들과 동일시되지 않도록 초롱초롱하게 깨어있을 수 있는 힘을 너희 스스로 길러야만 한다. 그렇지 못하면, 너희는 또 다시 생각과 동일시되어 환영의 세상 속으로 굴러떨어질 것이기 때문이다. 너희 가운데 한 사람이라도 내가 지금 하는 말을 깨닫는 이가 있기를 바라노라."

곡식이 익으면 그는 손에 낫을 들고 서둘러 와서

그것을 거둘 것이다.

누구든지 귀가 있는 자는 들으라.


"깨어있는 힘이 강력해지면, 너희는 생각이 창조하는 환영의 세상에서 벗어나서 실재하는 아버지 나라를 발견할 것이다. 누구든지 이 가르침의 속뜻을 알아들을 귀가 열린 자는 들으라."

 ## 제22절 ___ 둘을 하나로 만들 때

예수께서 젖을 먹는 갓난아이들을 보고

제자들에게 말했다.

"이 젖 먹는 갓난아이들은 하늘나라에 들어가는 이들과 같다."


제자들이 예수께 말했다.

"그러면 저희도 갓난아이들처럼 하늘나라에 들어갈 수 있습니까?"


예수께서 그들에게 말씀하셨다.

"너희가 둘을 하나로,

안을 바깥처럼,

바깥을 안처럼,

위를 아래처럼 만들 때,

남자와 여자를 하나로 만들어

남자는 남자가 아니고

여자는 여자가 아니게 될 때,

눈이 있는 자리에 새 눈을 갖고,

손이 있는 자리에 새 손을,

발이 있는 자리에 새 발을,

모양이 있는 곳에 새 모양을 갖게 될 때,

너희는 하늘나라에 들어갈 것이다.”

\* \* \*

〈도마복음〉에서의 예수의 가르침은 그 속뜻을 이해하면 사실 어렵지가 않다. 예수는 아주 단순한 것을 반복해서 가리키고 있기 때문이다. 그렇지만 그는 가리키고자 하는 바를 상징과 비유를 통해 말하고 있다. 이는 말로써 전달할 수 없는 것을 말을 통해 전하고자 하는 하나의 방편이다. 그러나 그대가 예수가 하는 말씀의 피상적인 뜻만을 좇아간다면 그대는 핵심을 놓치고 엉뚱한 곳으로 빠지게 된다. 그렇기 때문에 겉으로 드러난 말씀의 뜻이 아니라, 예수가 말씀의 이면에서 가리키고자 하는 바가 무엇인지를 알아차려야만 한다.

역사적으로 기성종교가 예수의 가르침의 본질을 왜곡한 것도 종교체계를 조직화한 사람들이 말씀의 표면적 의미만을 가지고 피상적인 이해의 수준에서 해석해 교리를 만들었기 때문이다.

이 젖 먹는 갓난아이들은 하늘나라에 들어가는 이들과 같다.

예수는 말한다.

"젖먹이 갓난아이들을 보라. 그들이야말로 그 나라에, 하늘나라에 들어가는 이들과 같다."

하늘나라에 들어가기 위해서는 다시 젖먹이로 되돌아가야만 한다는 말이 아니다. 어디까지나 이는 비유적인 표현이다.

그러면 저희도 갓난아이들처럼 하늘나라에 들어갈 수 있습니까?

그러나 제자들은 말씀의 핵심을 놓쳤다. 그래서 이렇게 되묻는다. 제자들의 질문을 들은 예수는 제자들이 말씀의 속뜻을 이해하지 못했음을 알고 제자들에게 부연해서 설명한다. 그러나 이 또한 비유로 이야기하기 때문에 그 당시 그의 제자들은 물론이고 그대 또한 말씀의 속뜻을 알아차리기 힘들 것이다.

너희가 둘을 하나로,
안을 바깥처럼,
바깥을 안처럼,
위를 아래처럼 만들 때,
남자와 여자를 하나로 만들어
남자는 남자가 아니고
여자는 여자가 아니게 될 때,

예수는 도대체 제자들에게 무엇을 말하고자 하는가? 그의 말씀을 자세히 살펴보자.

'둘'과 '하나', '안'과 '바깥', '위'와 '아래', '남자'와 '여자', 이 모두는 상대적인 개념이 아닌가? 이 상대적인 개념들은 어디서 비롯되는가? 모두 생각에서 비롯되지 않는가?

그러므로 예수는 상대적인, 개념적인 분별이 없는 것이 갓난아이처럼 되는 것이며, 그것이 곧 하늘나라로 들어가는 열쇠라고 말하고 있다. 따라서 예수가 말하는 '갓난아이와 같이 되어야만 한다.'는 말씀은 이러한 상대적인 개념의 분별이 없는, 즉 생각 이전의 본성을 회복하라는 주문인 것이다.

젖먹이 어린아이에게는 개념적인 분별인 생각이 없다. 아직 말을 배우기 이전의 갓난아이는 개념적인 생각이 없으며, 따라서 그는 한바탕의 마음, 본성 그 자체이기 때문이다.

그러나 그대는 시간을 되돌려서 갓난아이 시절로 되돌아갈 수는 없다. 또한, 갓난아이 시절로 되돌아가서도 안 된다. 그러면 도대체 어떻게 하라는 말인가? 다행히 본성은 그대 내면에서 지금 이 순간에도 갓난아이 시절과 똑같이 변함없이 빛을 발하고 있다. 그래서 그대는 단지 본성이 무엇인지 알아차리기만 하면 된다. 본성을 제대로 알아차리는 순간부터 그대는 본성으로 되돌아간다. 이것이 본성을 회복하는 길이다.

> 눈이 있는 자리에 새 눈을 갖고,
> 손이 있는 자리에 새 손을,
> 발이 있는 자리에 새 발을,
> 모양이 있는 곳에 새 모양을 갖게 될 때,

그리하여 그대가 생각 이전의 본성을 알아차리고 회복해서 개념과

생각이 아닌 본성을 자각하게 되어 생각이 지어내는 환영의 세상이
아닌, 있는 그대로를 볼 수 있게 될 때,

너희는 하늘나라에 들어갈 것이다.

그때, 그대는 언제나 고요하고 평온한 내면의 평화 속에 들어갈 것
이다.

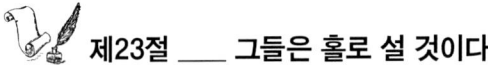 **제23절 ____ 그들은 홀로 설 것이다**

예수께서 말씀하셨다.
"나는 너희 가운데 천 명 중의 한 명을,
만 명 중에 두 명을 선택할 것이며,
그들은 홀로 설 것이다."

* * *

나는 너희 가운데 천 명 중의 한 명을,
만 명 중에 두 명을 선택할 것이며,

누가 누구를 선택한다는 말인가? 예수가 제자 중 한두 사람을 선택
한다는 말인가?

아니다. 에고로서의, 개체의식으로서의 예수가 진리를 전수할 제자
를 선택한다는 말이 아니다. 예수는 이미 진리를 깨달은 사람으로서,

자신이 바로 아버지요 참나라는 사실을 분명하게 자각하고 있다. 그러므로 예수는 어디까지나 개체의식이 아닌, 전체의식인 참나로서 말한다.

만약 그대 안에서 진리를 찾고 싶다는 갈증이 생겨났다면, 그것은 참나의 선택이요 부름이다. 따라서 예수의 이 말은 참나가 진리를 깨우쳐 하늘나라로 들어올 사람을 선택한다는 뜻이다. 이는 달리 말하면, 참나가 스스로 에고의 꿈에서 깨어나려는 발걸음을 내디뎠다는 말이다.

지금 이 글을 읽고 있는 그대는 이미 축복받은 자요 아버지인 참나로부터 선택받은 자이다. 선택받은 자는 정말 드물다. 그대 주변을 둘러보라. 거의 모든 사람들이 잠에 취해서 꿈속에서 헤매고 있지 않은가? 참나가 그대를 부르지 않았다면, 그대를 선택하지 않았다면 그대는 아직도 에고가 가져다주는 달콤한 꿈에 젖어서 꿈속에서 헤매고 있을 것이다. 그러나 그대는 이제 꿈에서 깨어나고 싶어 한다. 그렇지 않았다면 그대는 지금 이 글을 읽고 있지도 않을 것이다.

그러니 그대는 이미 선택받은 자임을 알고 기뻐하라. 비록 뜻하지 않은 고난이 그대를 찾아와 한 줄기 빛도 보이지 않는 어둠 속에서 절망과 비통의 나날을 보내고 있을지도 모른다. 그러나 그것은 평온하고 행복이 넘치는 하늘나라로 돌아오라는 계시와도 같은 것이니 결코 절망하거나 슬퍼하지 말라.

그들은 홀로 설 것이다.

누가 홀로 서 있다는 말인가? 선택받은 자들은 여럿이 아니라 '홀로

(하나)'라는 말이다. 여기서 '홀로'란 무엇을 가리키는가? 진리, 아버지, 참나는 오직 홀로이다. 결코, 여럿이나 둘이 될 수가 없다. 생각을 여읜 이 자리가 어떻게 둘이 될 수 있겠는가?

따라서 선택받아서 하늘나라를 발견한 사람은 누구나 홀로 서게 된다.

선택받은 자여, 결코 멈추지 말라. 진리를, 그대 자신을 발견할 때까지 중도에서 찾기를 포기하지 말라. 하늘나라를 발견하기만 하면 지금까지의 그대의 고난과 비통은 경이로움으로 바뀔 것이다. 그때 그대는 모든 것을 지배하게 되며, 죽음을 겪지 않게 되리라.

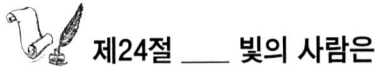

## 제24절 ___ 빛의 사람은

제자들이 예수께 말했다.

"당신께서 계신 곳을 저희에게 보여주십시오.

저희가 그곳을 찾아야 하기 때문입니다."


예수께서 그들에게 말씀하셨다.

"누구든 귀 있는 자는 들어라!

빛의 사람 안에는 빛이 있고 그는 온 세상을 비춘다.

만약 그가 비추지 않는다면

그는 어둠이다."

* * *

당신께서 계신 곳을 저희에게 보여주십시오.

저희가 그곳을 찾아야 하기 때문입니다.

제자들이 예수에게 간절하게 묻는다.

"당신이 계신 곳을 저희도 찾을 수 있도록 저희에게 알려주십시오. 저희도 그곳에 가고 싶습니다. 당신은 하늘나라에 계십니다. 당신은 근심과 걱정, 불안과 두려움에서 해방되셨습니다. 그러나 저희들은 근심과 걱정, 불안과 두려움 때문에 지상에서의 하루하루의 삶이 고통스럽습니다. 일용할 양식을 얻기 위해 날마다 분투해야만 하고, 미래에 대한 불안과 죽음의 두려움이 목덜미를 붙잡고 놓아주지 않습니다. 저희도 이제 당신처럼 두려움과 고통에서 벗어나고 싶습니다. 당신이 계신 곳이 어딘지 저희에게도 알려주십시오. 저희도 한시라도 빨리 그곳으로 가고 싶습니다. 저희가 그곳을 찾을 수 있도록 부디 당신 계신 곳을 알려주시기 바랍니다."

제자들은 아직도 예수 말씀의 속뜻을 제대로 알아차리지 못하고 있다. 그들은 예수가 있는 곳, 즉 하늘나라를 공간적인 개념으로 잘못 이해하고 있다.

### 누구든 귀 있는 자는 들어라!

예수는 그들에게 다시 한 번 제자들 요청에 답한다.

"귀가 있는 자는 들으라."

예수는 왜 굳이 이 말을 하는가? 귀머거리도 귀는 있다. 도대체 귀가 없는 사람이 어디 있단 말인가? 그러나 예수의 제자들은 귀가 있으나, 들을 줄을 모른다. 자신들의 고정관념을 통해 예수의 말씀을 받아들이려 한다. 그래서 예수가 누누이 열변을 토해도 말씀의 속뜻을 알아차리지 못하고 있는 것이다. 제자들은 귀가 있으나 들을 줄을 모른다. 이 때문에 예수는 "귀가 있는 자는 들으라."고 다시 한 번 강조하고 있다.

> 빛의 사람 안에는 빛이 있고 그는 온 세상을 비춘다.
> 만약 그가 비추지 않는다면
> 그는 어둠이다.

여기서 '빛의 사람'이란 누구를 가리키는가? 바로 예수 자신을 가리킨다. 제자들은 "당신이 계신 하늘나라가 어디 있느냐?"고 묻고 있는데, 예수는 뜬금없이 '빛' 이야기를 한다.

"나에게는 빛이 있고 그것으로 온 세상을 비춘다. 만일 내가 빛을 비추지 않는다면, 나는 어둠이다."

예수의 이 말씀은 빛이 자신이 있는 곳일 뿐만 아니라, 곧 예수 자신이라고 선언하고 있는 것이다. 그러면 예수가 말하는 빛은 무엇을 비유적으로 지칭하는가? 빛은 모양도 크기도 빛깔도 없다. 그렇지만 모든 사물들의 모양과 크기, 빛깔을 드러낸다. 자연계에 존재하는 모든 것들의 겉모습의 차이와 생각과 감정에 대한 분별은 빛이 있음으로 가능하다.

그대에게 있어서 무엇이 근원적인 빛인가? 무엇이 자신이 존재한다는 것을 알게 하는가? 그것은 자연계에서의 빛보다 더 본질적이고 근원적인 빛이다. 그것은 무엇인가?

예수가 말하는 빛은 알아차림을, 순수자각을 가리킨다. 예수는 자신이 빛임을, 순수한 알아차림임을 자각함으로써 '빛의 사람'이 되었다. 그래서 그 빛으로 온 세상을 비추고 있다.

따라서 빛이 없다면, 예수 자신 또한 한갓 어둠에 지나지 않는다고 말하고 있는 것이다. 예수만이 빛이 아니다. 그대 또한 예수와 똑같은 빛이다. 그대 내면에서 그 빛을 발견하라. 그러면 그대 또한 '빛의 사람'으로서 그리스도가 되어 예수가 있는 곳에서 살게 될 것이다.

## 제25절 ___ 네 영혼처럼 사랑하라

예수께서 말씀하셨다.
"너희 형제를 네 영혼처럼 사랑하고 네 눈동자처럼 지켜라."

\* \* \*

너희 형제를 네 영혼처럼 사랑하고 네 눈동자처럼 지켜라.

인간에게 가장 중요한 것이 무엇이겠는가? 인간에게서 영혼보다 더 소중한 것이 어디 있겠으며, 눈동자보다 더 소중한 것이 어디 있겠는가? 예수는 그대의 형제를 그대가 가장 소중하다고 생각하는 영혼과 눈동자처럼 사랑하고 보호하라고 말한다. 여기서 말하는 형제는 단순히 같은 부모에게서 태어난 육친만을 지칭하는 것이 아니다. 모든 사람들은 같은 '아버지'의 아들들이기 때문에 사실 형제 아닌 사람이 없다.

따라서 "네 형제를 너 자신처럼 사랑하고 보호하라."는 말은 곧 "모든 사람들을 너 자신처럼 사랑하고 보호하라."는 말과 다르지 않다. 그러나 예수의 이 말씀은 그대가 반드시 따라야만 하는 명령이나 규범이 될 수는 없다. 모든 사람들이 형제임을, 아니 그대 자신임을 스스로 깨닫기 전에는 그대가 모든 사람들을 자신처럼 사랑하고 보호할 수 없을 것이기 때문이다.

무엇보다도 먼저 그대는 우선 자신 안의 '빛'을, '아버지'를 발견해야만 한다. 그래야만 모든 사람들의 내면에 같은 아버지가 임재하고 있음을 깨닫게 되기 때문이다. 그때 그대는 비로소 형제들을, 모든 사람들을 자신의 영혼과 눈동자처럼 사랑하고 보호할 수 있게 되기 때문이다. 형제들은 겉모습만 분리된 것처럼 보일 뿐이지, 사실 모두가 분리될 수 없는 하나이다. 그대가 진실을 깨닫게 되면, 그대 자신이 사랑이 된다.

네 눈 속의 들보를 보라

## 제26절 ___ 네 눈 속의 들보를 보라

예수께서 말씀하셨다.

"너희는 형제 눈 속의 티끌은 보면서

자신의 눈 속의 들보는 보지 못한다.

너희 눈 속의 들보를 빼낼 때,

너희는 비로소 밝게 보고

형제의 눈 속의 티끌을 뺄 수 있을 것이다."

\* \* \*

너희는 형제 눈 속의 티끌은 보면서

자신의 눈 속의 들보는 보지 못한다.


예수는 이 비유를 통해 그대에게 무엇을 말하고자 하는가? 예수가 말하고자 하는 바를 정확히 알려면, 먼저 비유적으로 말하고 있는 형제의 눈 속에 있는 '티끌'은 무엇이며, 자신의 눈 속에 있는 '들보'는 또 무엇인지를 알아야만 할 것이다.

여기서 '티끌'은 아주 작은 것을, '들보'는 아주 큰 것을 비유적으로 표현한 것이다. 모든 사람들이 가지고 있지만 자기 안의 큰 것은 보지 못하고 다른 사람들의 작은 것만 보게 되는 것은 무엇 때문일까? 그것은 '나'라는 생각, 즉 에고 때문이다. '나 없음'의 실상을 보지 못한 사람들은 '나'라는 생각인 에고를 중심으로 모든 생각이 전개된다. 따라서 모든 것을 에고의 기준에서 자기중심적으로 보고 느끼고 판단한다.

그래서 그대는 자기의 에고는 보지 못하고 언제나 다른 사람의 에고만 보고 그를 '이기적'이라고 평가한다. 들보만한 자기의 에고는 보지 못하고 티끌만 한 다른 사람의 에고를 먼저 보는 것이다. 에고는 다른 사람의 에고는 쉽게 발견한다. 그러나 자기 자신이 그보다 더 큰 에고임은 인정하지 않으려 한다.

> 너희 눈 속의 들보를 빼낼 때,
>
> 너희는 비로소 밝게 보고
>
> 형제의 눈 속의 티끌을 뺄 수 있을 것이다.

그러므로 다른 사람의 에고를 탓하기 전에 먼저 자신의 에고를 바로 볼 수 있어야만 한다. 먼저 자기 눈 속의 들보를 먼저 빼낼 때, 비로소 밝게 볼 수 있게 된다. 그러면 어떻게 하면 자신의 에고를 내려놓을 수 있을까? 에고는 실체가 아닌 그림자이다. 그것은 비유하자면 길에 놓인 밧줄을 뱀으로 오인하는 것과 같다. 뱀은 실재하지 않지만, 밧줄을 뱀으로 착각한 사람의 눈에는 뱀으로 보일 뿐이다.

그러나 그대는 살아오면서 한 번도 '나'라고 알고 있는 자아상에 대해 의심하지 않고 믿어왔기 때문에 그것이 그림자임을 모르고 살고 있다. 그대가 알고 있는 '나'라는 것이 다만 생각에 지나지 않는다는 것을 바로 보는 것이 무엇보다도 중요하다. 에고가 허상임을 바로 보고 무의식적으로 생각과 동일시되는 버릇에서만 벗어나면 에고를 내려놓을 수가 있다.

따라서 먼저 그대 자신의 에고를 내려놓아야만 한다. 그래야만 '나'라는 에고적 관점으로 인해 왜곡되지 않은 시각에서 모든 것을 밝게 볼 수가 있으며, 다른 사람의 눈 속에 있는 티(에고)를 또한 빼내 줄 수가 있다.

예수는 말한다.

"너희는 다른 사람의 조그마한 에고는 보면서 그보다 더 크고 뚜렷한 너희 자신의 에고는 보지 못하는구나. 너희가 먼저 너희 자신이 에고임을 알고 그것을 내려놓을 때, 너희는 비로소 영안靈眼이 밝아져서 모두가 같은 아버지의 아들임을 알게 되리라. 그리하여 다른 사람의 에고를 내려놓게 할 수 있을 것이다."

'너'와 '나'의 분별은 어디서 일어나는가? 의식을 이원적으로 나누는 생각에서 비롯된다. 따라서 생각이 생각임을 바로 보게 되면, 너와 나의 분리도 사라진다. 너와 나의 분리가 사라진 자리에서 어떻게 '너의 허물'을 볼 수가 있겠는가?

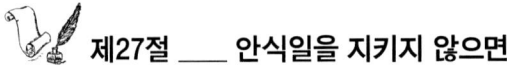 **제27절 ___ 안식일을 지키지 않으면**

예수께서 말씀하셨다.
"너희가 세상의 것들에 대해 금식하지 않는다면
하늘나라를 발견하지 못할 것이다.
너희가 안식일을 안식일로 지키지 않으면
아버지를 볼 수 없을 것이다."

\* \* \*

예수는 당시 유대인들이 종교적인 계율과 의무로 절대시하면서 지키고 있는 금식과 안식일을 새롭게 해석하고 그것을 사람들에게 가르쳤다. 예수가 말하는 금식과 안식의 참된 의미는 무엇일까?

너희가 세상의 것들에 대해 금식하지 않는다면
하늘나라를 발견하지 못할 것이다.

여기서 예수는 음식 먹는 것을 끊으라고 말하지 않고 '세상의 것들에 대해 금식하라'고 말한다. 따라서 예수가 말하는 금식은 단순히 음식을 먹지 않는 것을 의미하는 것이 아니다. 음식을 끊는 것은 차라리 쉬울지 몰라도 세상에 것들에 대한 금식은 말처럼 쉬운 것이 아니다.

'세상의 것들에 대해 금식하라.'는 것은 어떻게 하라는 말인가? 그것은 세상 것들에 대한, 다시 말하면 세속적인 것들에 대한 욕망을 내려놓으라는 말이다. 세상의 것들에 대한 욕망은 왜 일어나는가? 세상이 너무나 현실감 있고 실재하는 것처럼 느껴지기 때문이다. 세상이 실재하는 것처럼 느껴지는 것은 세상 속에서 살고 있다고 생각하는 '나'가 실재처럼 여겨지기 때문이다.

'나'와 '세상'은 반드시 동시에 일어나고 동시에 사라지는 상대적인 생각이다. 따라서 '나'라는 주체가 실재하지 않는 허상임을 알게 되면 세상 또한 실상이 아님을 깨닫게 된다. '나'와 '세상' 모두가 생각이 창조한 환영이며, 모든 것이 마음에 비친 그림자임을 깨닫게 된다.

예수는 이미 깨달음을 통해 이 같은 마음의 메커니즘을 알고 있었다. 그래서 제자들에게 세상의 것들에 대해 금식하라고, 세상에 대한 집착과 욕망을 버리라고 말하고 있다. 그래야만 본성을, 하늘나라를 발견할 수 있게 되기 때문이다.

너희가 안식일을 안식일로 지키지 않으면
아버지를 볼 수 없을 것이다.

그러면 유대인이나 기독교인 모두가 철석같이 지키고 있는 안식일은 무엇일까? 또 왜 그들은 안식일을 반드시 지켜야만 한다고 믿고 있는가? 먼저 안식일의 근거가 되는 〈구약성경〉 출애굽기를 보면 다음과 같은 구절이 나온다.

"안식일을 기억해 거룩히 지켜라. 엿새 동안은 힘써 네 모든 일을 지킬 것이나 제 칠일은 너희 하나님 여호와의 안식일인즉 너나 네 아들이나 네 딸이나 네 남종이나 네 여종이나 네 육축이나 네 문안에 머무는 객이라도 아무 일도 하지 말게 하라. 이는 엿새 동안에 나 여호와가 하늘과 땅과 바다와 그 가운데 모든 것을 만들고 나 여호와가 안식일을 복되게 하여 그 날을 거룩하게 하였다."

이에 따라 유대인은 토요일을 안식일로 지켰으며, 이 전통은 지금도 이어지고 있다. 그리고 기독교는 유대교와는 달리 일요일을 안식일로 지키고 있다. 그러면 예수가 여기서 말하는 진정한 의미의 안식일은 무엇을 가리키는 것일까? '안식일을 안식일답게 지키는 것'은 어떻게 지키라는 말인가?

〈마태복음〉을 보면 예수가 안식일에 대해 언급한 구절이 나오는데, 예수는 특정한 날을 정해 무슨 일이 있어도 그날을 안식일로 지켜서 아무 일도 하지 말아야 한다고 말하고 있지는 않다. 예수의 제자들이 안식일에 밀밭 사이를 지나가다 배가 고파서 밀 이삭을 잘라서 먹자 바리새인들이 "안식일에 해서는 안 되는 일을 하고 있다."며 비난하자 예수는 이렇게 말한다.

"안식일에 성전에서 제사장들이 안식일을 범해도 그것이 죄가 되지 않는다는 것을 율법 책에서 읽어보지 못했느냐?"

또 예수가 회당에 들어가서 한쪽 손이 오그라든 사람을 고치려고 하자 사람들이 예수가 안식일을 어겼다며 고발하기 위해 "안식일에 병을 고쳐도 됩니까?"라고 묻는다. 그러자 예수는 이렇게 대답한다.

"너희 가운데 어떤 사람에게 양 한 마리가 있다고 하자. 그것이 안식일에 구덩이에 빠지면, 그것을 잡아 끌어올리지 않을 사람이 어디에 있겠느냐? 사람이 양보다 얼마나 더 귀하냐? 그러므로 안식일에 좋은 일을 하는 것은 괜찮다."

이처럼 예수는 당시 유대인들처럼 무조건적이며 절대적으로 안식일을 지키는 것에 동의하지 않았음은 분명하다. 사람이 안식일에 예속된 존재가 아니라 안식일의 주인임을 분명하게 가르치고 있다.

그러면 안식일의 본질적인 의미는 무엇일까? 왜 구약성경의 저자들은 일주인 가운데 하루를 정해서 아무 일도 하지 말고 안식하라고, 그것이 하나님의 명령이라고 기록했을까? 안식이란 편히 쉰다는 말이다. 자신이 행위자라는 생각이 없이, 모든 행위와 생각을 내려놓고 쉰다는 말이다. 이와 같은 쉼 속에서, 안식 속에서 그대는 비로소 하나님을 만나고 아버지 나라를 발견할 수 있기 때문이다.

따라서 안식일의 본질은 일주일 가운데 하루만이라도 행위 없이, 생각 없이 쉬라는 말이지 의무적으로 아무 일도 하지 말라는 것이 아니다. 그래서 예수는 "너희가 만일 안식일을 안식일답게 지키지 못하면 아버지를 보지 못할 것이다."라고 말하고 있다.

그대가 만일 하나님을, 본성을 만나게 된다면, 행위의 주체가 사라진다. 그렇게 되면 일 년 365일이 모두 안식일이 된다. 아무런 조건 없이 편히 쉴 수 있게 되기 때문이다. 행위는 있으나 행위자는 없다. 그것이 바로 참된 안식이며, 하늘나라에 머무는 것이다.

## 제28절 ___ 술에서 깨어나면 회개하리라

예수께서 말씀하셨다.

"나는 세상 한가운데 와서 육신으로 세상 사람들에게 나타났다.

나는 그들 모두가 취해 있는 것을 보았지만

아무도 목말라 하는 사람이 없는 것을 알았다.

내 영혼은 이런 사람의 아들들로 인해 아파한다.

그들은 마음의 눈이 멀어

빈손으로 세상에 왔다가 빈손으로 세상을 떠나게 되는 것을

알지 못하기 때문이다.

그러나 지금은 그들이 취해있지만

그들이 술에서 깨어나면 회개하리라."

\* \* \*


이 절은 예수가 제자들의 물음에 답한 것이 아니라 마치 스스로를 돌아보면서 혼자 하는 독백처럼 들린다.


나는 세상 한가운데 와서 육신으로 세상 사람들에게 나타났다.

나는 그들 모두가 취해 있는 것을 보았지만

아무도 목말라 하는 사람이 없는 것을 알았다.


예수는 말한다.

"영靈으로서의 나는, 참나로서의 나는 육신을 입고 세상 사람들에게 나타나 보였다. 나는 세상 사람들 모두가 스스로 지어내는 망상에 취

해 꿈을 꾸고 있는 것을 보았다. 그러나 아무도 망상에서 깨어나고자 생명의 감로수를, 아버지 나라를 찾는 사람이 없는 것을 알았다."

당시 예수의 제자들만이 취해 있었던 것이 아니다. 그대를 비롯해 거의 모든 사람들이 마치 꿈과 같은 환영의 세상에 취해있다. 그러나 안타깝게도 아무도 목말라 하지 않는다. 꿈에서 깨어날 생각을 하지 않는다. 더욱 안타까운 것은 자신이 꿈을 꾸고 있다는 사실조차 알지 못한다.

> 내 영혼은 이런 사람의 아들들로 인해 아파한다.
> 그들은 마음의 눈이 멀어
> 빈손으로 세상에 왔다가 빈손으로 세상을 떠나게 되는 것을
> 알지 못하기 때문이다.

"꿈에 취해 자신 안의 아버지 나라를 발견하려는 마음조차 내지 못하는 사람들로 인해 나는 아파한다. 그들은 마음의 눈이 멀어 꿈 바깥의 영원한 아버지 나라를 보지 못한다. 이는 그들이 실재한다고 믿고 있는 세상이 빈손으로 왔다가 빈손으로 떠나게 되는, 신기루와 같은 환영의 세상임을 알지 못하기 때문이다."

> 그러나 지금은 그들이 취해있지만
> 그들이 술에서 깨어나면 회개하리라.

"그러나 지금은 그들이 비록 꿈에 취해서 마음의 눈이 멀어 있지만, 그들이 꿈에서 깨어나면 마음의 눈을 뜨고 본래의 고향인 아버지 나

라를 다시 되찾게 될 것이다."

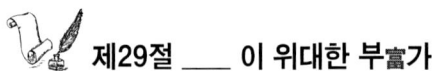 **제29절 ___ 이 위대한 부富가**

예수께서 말씀하셨다.

"만약 영靈 때문에 육체가 생겨났다면

그것은 놀라운 일이다.

그러나 만약 육체 때문에 영이 생겨났다면

그것은 더욱더 놀라운 일이다.

이 위대한 부유함이 어떻게 이와 같은 가난 속에

나타났는지 참으로 놀라운 일이다."

\* \* \*

만약 영靈 때문에 육체가 생겨났다면

그것은 놀라운 일이다.

예수는 말한다.

"보잘것없는 육체가, 한갓 원소들의 집합체에 불과한 몸이 하나님인 영靈을 위해 생겨났다는 것은 놀라운 일이 아닌가?"

그러나 만약 육체 때문에 영이 생겨났다면

그것은 더욱더 놀라운 일이다.

이 위대한 부유함이 어떻게 이와 같은 가난 속에

나타났는지 참으로 놀라운 일이다.

"그러나 만일 영이 육체를 위해 생겨났다고 한다면 이것은 있을 수 없는 일이다. 육체는 원소들의 조합으로 생겨났다가 시간이 흐르면 다시 원소로 되돌아가는 그림자와 같은 것이지만, 영은 생겨나지도 사라지지도 않는 영원한 실재이기 때문이다. 이처럼 놀라운 부富인 영이 육체와 같은 하잘것없는 빈곤함 속에 있다는 사실은 얼마나 놀라운 일인가?"

그대는 자신을 육체로 알고 있다. 그래서 어느 특정한 날, 특정한 부모 밑에서 태어나 한시적인 삶을 살다가 언젠가는 죽어야만 하는 필멸의 존재로 스스로를 인식하고 있다. 이 때문에 불안과 죽음의 두려움에서 벗어나지 못하고 있다.

그러나 안심하라. 그대의 진정한 정체는 육체가 아니다. 나지도 않고 죽지도 않는 영원한 실재로서의 아버지인 영이다. 깨달음은 그대의 진정한 정체가 육체가 아니라 언제나 실재하는 영임을 재발견하는 것이다. 그대는 본래부터 불생불멸의 영이지만, 이 사실을 망각하고 자신을 육체로 잘못 알고 있다. 그대가 지금 겪고 있는 모든 번뇌와 고통은 이로부터 비롯된다.

자신이 육체가 아니라 신성神性으로서의 영임을 재발견하는 것이, 육체에서 영으로의, 자기 존재에 대한 인식의 전환이 바로 깨달음이다. 그대가 자신의 진정한 정체를 알게 되면, 죽음이란 존재하지 않음을 알게 된다. 필멸의 존재에서 죽음을 넘어서 불멸의 존재로 다시 태어나게 된다. 그대가 진정한 그대 자신을 알게 되면, 그대는 죽음을 경험하지 않게 될 것이다.

## 제30절 ___ 신이 셋 있는 곳에

예수께서 말씀하셨다.

"신이 셋 있는 곳에 신神이 있다.

둘 혹은 하나의 신이 있는 곳에

나는 그와 함께한다."

\* \* \*

신이 셋 있는 곳에 신神이 있다.

오직 하나의 신神인 하나님만이 있다. 하나의 신을 성부聖父와 성자聖子, 성신聖神으로 나누어 부를 수는 있지만, 그 본질은 하나님이다. 삼위三位는 다만 개념상의 분리일 뿐이지 나뉠 수 있는 것이 아니다.

둘 혹은 하나의 신이 있는 곳에

나는 그와 함께한다.

하나님은 하나의 마음이다. 신은 둘로도 셋으로도 나눌 수 있지만, 그 본질은 하나이다. 나는 언제나 하나님과 함께하며 하나님으로부터 떨어질 수 없다.

그래서 예수는 말한다.

"아버지와 아들은 하나이다."

## 제31절 ___ 환영받지 못하는 예언자

예수께서 말씀하셨다.

"예언자는 자신의 고향에서 환영받지 못하고
의사도 자신을 아는 사람은 치료하지 못한다."

\* \* \*

예언자는 자신의 고향에서 환영받지 못하고

예언자는 어떤 사람을 말하는가? 존재의 실상을 깨달아 삶의 비밀을 다른 사람들에게 드러내 보여줄 수 있는 사람을 말한다. 유대 전통에서 보면 예수 또한 예언자들 가운데 한 사람이다. 예수는 왜 예언자는 자신의 고향에서 환영받지 못한다고 말하는가?

예수는 영적인 깨어남을 통해 내면의 참나를 발견한 뒤 에고로서는 죽고 참나로 다시 태어났다. 그러나 여전히 영적으로 '작은 나'에 고착돼 있던 그 시대의 사람들에게는 깨어난 예언자를 알아볼 수 있는 안목이 없다. 그들은 여전히 예수를 예전에 같은 동네에서 나고 자란 목수의 아들인 평범한 꼬맹이로만 그를 기억하고 있다. 그는 존재의 실상을 깨달아서 예언자로 거듭났지만, 안목이 열리지 않은 고향 사람들은 여전히 그를 평범한 목수의 아들로만 기억하고 있다.

예수의 설교를 듣던 고향 사람들은 이렇게 중얼거린다.

"아니, 저 친구는 목수 요셉의 아들이 아닌가? 한동안 보이지 않더니 어디 갔다가 나타나서는 저렇게 율법에도 없는 이상한 말들을 하는가? 아마 어디서 사교邪敎에 잘못 빠져든 모양일세. 참, 안됐군!"

그들은 예수를 영적으로 깨달은 그리스도로 받아들이기는커녕 여전히 이전에 그들이 갖고 있던 예수에 대한 고정된 선입견으로만 그를 본다. 그래서 예수의 하늘나라에 대한 가르침은 도대체 약발이 먹히지 않는다.

의사도 자신을 아는 사람은 치료하지 못한다.

의사는 왜 자신을 아는 사람은 치료하지 못하는가? 환자가 의사에 대해 갖는 신뢰는 병의 치료에 있어서 절대적이다. 그러나 의사의 가족이나 그를 이전부터 잘 아는 사람은 그를 신뢰할 수 있는 의사로 보는 것이 아니라 가족의 한 사람이나 평범한 이웃으로 본다. 달리 말하면 사람들이 의사에 대해 가지고 있는 선입견은 의사의 신뢰와 권위에 대한 믿음을 떨어뜨리게 한다.

환자가 담당 의사를 신뢰하지 않으면, 비록 그가 명의라 할지라도 병의 조속한 치유는 기대하기가 어렵다. 의사에 대한 환자의 믿음이 병을 낫게 하는데 큰 비중을 차지하기 때문이다. 의학적으로 입증된 사실로 플라시보 효과라는 것이 있다. 가짜 약도 환자가 진짜 약으로 알고서 먹으면 진짜 약과 비슷한 효능을 내는 것을 말한다. 즉, 환자 마음의 신뢰가 병의 치료에 지대한 영향을 끼친다는 것은 이미 잘 알려진 사실이다.

또한, 의사의 입장에서도 가족이나 지인은 이전의 친밀한 관계 때문에 초연하게 환자로 대하기가 힘들다. 그래서 의사들은 대개 친밀한 가족들의 수술이나 치료는 자신이 직접 맡기보다는 다른 의사에게 맡기곤 한다.

마음이 모든 것을 좌지우지한다. 마음밖에는 다른 것이 없기 때문이다. 본성을 깨닫지 못한 사람들은 대부분 이전에 알고 있는 지식이나 선입견에 의해 지배당한다. 과거에 쌓아온 알음알이와 선입견이 이른바 '업식業識'이며, 이 업식에 의해 무의식적으로 지배당하는 것이 보통사람들의 삶이다. 따라서 반드시 생각 이전의 본성을 깨쳐야만 이와 같은 과거 업식의 지배에서 벗어날 수가 있다.

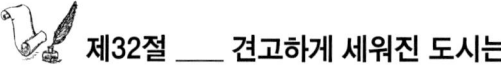 **제32절 ____ 견고하게 세워진 도시는**

예수께서 말씀하셨다.
"높은 산 위에 견고하게 세워진 도시는
무너질 수도 없고 숨겨질 수도 없다."
\* \* \*

생겨난 것은 언젠가는 사라진다. 무상하지 않은 것은 아무것도 없다. 백두산처럼 높은 산조차도 세월의 마모를 이겨낼 수 없다. 오랜 세월 동안 비에 씻기고 바람에 마모돼 언젠가는 먼지가 되어 흩어질 것이다.

그러나 저 바닷물이 다 마르고, 저 높은 산이 무너진다고 해도 조금도 영향받지도 않고 변하지 않는 것은 무엇일까? 우주가 생겨나기 이전부터 있었고 비록 우주가 사라지더라도 남아 있을 그것은 무엇인가?

높은 산 위에 견고하게 세워진 도시는
무너질 수도 없고 숨겨질 수도 없다.

결코 무너질 수도 없고, 숨겨질 수도 없는 그것은 무엇인가? 예수는 그것은 '진리', 또는 '빛'이라고 불렀다. 예수는 말한다. "너희는 세상의 빛이다." 그대는 우주가 생성되고 붕괴되는 것을 지켜보고 있는 빛이다. 그대 안에서, 빛 속에서, 진리 안에서 삼라만상은 끊임없이 나타났다가 사라짐을 영원히 되풀이하고 있다. 그런데 어떻게 진리가 무너질 수 있겠는가? 어떻게 진리를 숨길 수 있겠는가? 만약 진리를 숨길 수 있다면, 어디에 숨길 수 있겠는가?

## 제33절 ___ 등불을 켜서

예수께서 말씀하셨다.
"너희가 귀로 듣게 될 것을
지붕 위에 올라가 다른 사람들에게 전하라.
누구도 등불을 켜서 바구니 아래에 두거나
숨겨진 곳에 두지 않을 것이기 때문이다.
오히려 그것을 등불받침대 위에 두어서
오가는 사람 모두가 그것을 보게 할 것이다."

\* \* \*

아무도 진리를 감출 수가 없다. 진리는 숨겨져 있는 것이 아니라 온 천하에 훤하게 드러나 있는 것이기 때문이다. 그런데 그대는 왜 진리를 보지 못하는가? 누군가가 그대로 하여금 진리를 보지 못하도록 숨겼는가? 아니다. 아무도 진리를 숨긴 사람은 없다. 온 세상이 진리이며, 그대 자신이 진리인데 어떻게 그것을 숨길 수가 있겠는가?

그대가 진리를 보지 못하고 있는 데는 다른 이유는 없다. 그대의 눈이 감겨 있기 때문이다. 그대는 진정한 자신이 무엇인지 제대로 돌아보려고 하지 않는다. 이유는 단지 그것뿐이다.

> 너희가 귀로 듣게 될 것을
> 지붕 위에 올라가 다른 사람들에게 전하라.

예수는 제자들에게 당부한다.

"너희들은 이제 아버지의 사도司徒이다. 너희들은 내게서 들을 진리를 온 세상 사람들이 들을 수 있도록 높은 곳에 올라가서 힘껏 외쳐라. 그리하여 그들 또한 진리를 발견케 해서 잠에서 깨어날 수 있게 하라."

> 누구도 등불을 켜서 바구니 아래에 두거나
> 숨겨진 곳에 두지 않을 것이기 때문이다.
> 오히려 그것을 등불받침대 위에 두어서
> 오가는 사람 모두가 그것을 보게 할 것이다."

진리는 등불, 아니 태양과도 같다. 진리는 모든 것들을 환하게 밝혀서 낱낱이 드러낸다. 그래서 진리는 숨기거나 감출 수가 없다. 진리는 모든 것을 껴안으며, 진리 안에 모든 것이 있기 때문이다. 그런데 무엇으로 진리를 가리거나 감출 수가 있겠는가?

진실을 말하면, 진리의 눈 뜨지 못한 그대 또한 지금 이 순간에도 진리 속에 있으며, 그대가 바로 진리이다. 진실로 필요한 것은 단지 그대가 진리임을 바로 보기만 하면 된다. 그러면 그대가 아버지임을 알게 되고, 하늘나라가 그대에게 임하게 된다.

예수는 거듭해서 제자들을 일깨운다.

"누가 등잔불을 켜서 바구니로 덮어두겠는가? 등잔불의 효용은, 그것이 존재하는 목적은 그 빛으로 밝게 비추어 보게 하기 위함이 아닌가? 그래서 등잔불은 바구니로 덮어두지도, 숨겨진 곳에 두지도 않을 뿐만 아니라 오히려 그 빛을 넓고 멀리 가게 하기 위해 등잔 받침대 위에 올려두지 않는가? 이제 때가 되었다. 너희들은 이제 세상 끝까지 가서 내 말을, 진리를, 아버지의 부르심을 전파하라. 그리하여 세상 사람들로 하여금 진리를 발견케 하여 죽음의 두려움에서 벗어나게 하라."

##  제34절 ___ 눈먼 사람이 눈먼 사람을 인도하면

예수께서 말씀하셨다.
"만일 눈먼 사람이 눈먼 사람을 인도한다면
두 사람 모두 구덩이에 빠질 것이다."

\* \* \*

실상에 눈뜬 자만이 눈 뜬 사람을 알아볼 수가 있다. 눈먼 자는 누가 눈을 뜬 자인지, 누가 눈먼 자인지 알 수가 없다. 그대가 눈을 뜨기 전에는, 영적 실상에 대한 안목이 생기기 전에는 눈 뜬 자를 알아보지 못한다. 따라서 눈먼 자에게 속을 수밖에 없다. 그대가 보는 눈이 없는데 누가 진짜인지 가짜인지, 어느 가르침이 참인지 거짓인지 판별할 수 있겠는가? 이 때문에 깨달음으로 가는 여정에는 수많은 함정이 도사리고 있다.

참 스승을 만나는 운 좋은 사람의 경우 공부의 과정이 비교적 순탄하게 진행되고 존재의 실상을 쉽게 깨칠 수가 있다. 그렇지 못한 경우는 수십 년 동안 이곳저곳 여러 단체와 스승들을 전전하면서 시간과 노력을 들이고도 여전히 눈이 먼 채로, 갈구함이 가셔지지 않은 상태로 남아 있게 된다.

문제는 거의 모든 사람들이 '눈먼' 상태로 진리를 찾아 나선다는 것이다. 이 공부에 있어서는 자기 눈이 뜨지 못하면 진짜와 가짜를 판별할 수 없다. 이 때문에 겉으로는 깨달음을 내세우면서 속으로는 에고의 욕구를 교묘하게 충족시키는 가짜들이 오히려 판을 치고 득세하고 있다. 저 자신도 눈을 뜨지 못했으면서도 눈먼 이를 인도한다며 선전하면서 함께 구덩이와 절벽을 향해 나아가고 있다.

누차 강조하는 것처럼 지금 자신에게 없는, 신비하고 거창하고 굉장한 무엇을 얻는 것이 깨달음이 아니다. 깨달음은 얻을 것이 없다. 오히려 지금까지 자신과 동일시해왔던 소중한 많은 것들을 내버리고 잃어버리는 공부다. 그리고 마지막에는 자아마저도 버려야만 한다.

만일 그대가 수십 년 동안 도판을 전전하면서도 아직도 갈구함과 목마름이 가셔지지 않았다면, 무엇보다도 그대 자신을 돌이켜보아야만 한다. 다른 사람들이 가지고 있지 않은 굉장한 그 무엇을, 깨달음을 통해 얻으려고 하는 그대의 욕망이 사이비 단체와 가짜 스승들을 찾아가게 만든 요인이기 때문이다.

겸허하게 자신을 되돌아보라. 그대는, 참나는 이미 답을 알고 있다. "무언가 이건 아닌 것 같다."는 느낌이 든다면 그것은 아닌 것이다. 먼저 얻고자 하는 욕망을 버리고 겸허하게 내면이 인도하는 바를 따르라. 그러면 머지않아 제대로 된 인연을, 참 스승을 만나게 될 것이다.

> 만일 눈먼 사람이 눈먼 사람을 인도한다면
> 두 사람 모두 구덩이에 빠질 것이다.

예수는 말한다.

"눈먼 자여, 다른 사람을 인도하려 하지 말고 먼저 그대 눈부터 뜨게나. 그렇지 못하면 그대뿐만이 아니라 죄 없는 다른 사람도 함께 사망의 구덩이에 빠트리게 될 것이다."

## 제35절 ___ 힘센 자의 집을 차지하려면

> 예수께서 말씀하셨다.
> "힘센 자의 집에 들어가 강제로 집을 차지하려면
> 먼저 그의 손을 묶어야 한다.
> 그러면 그의 집을 약탈할 수가 있다."
> * * *
> 힘센 자의 집에 들어가 강제로 집을 차지하려면
> 먼저 그의 손을 묶어야 한다.

이 비유는 진정 무엇을 말하고자 함인가? 예수가 제자들에게 강도가 되어 남의 집을 약탈하는 방법을 가르치고 있는 것은 분명 아닐 것이다. 그러면 예수가 지극히 상식적인 이 말씀을 통해 비유적으로 말하고자 하는 바는 무엇일까?

이 말씀 또한 마음에 대해서 말하고 있다. 여기서의 '집'이란 단지 형상이 있는 육체만을 가리키는 것이 아니다. 집이란 그대, 다시 말하면 그대라는 존재 자체를 가리킨다. 그러면 그대를 차지하고 있는 '힘센 자'는 누구인가? 그대를 좌지우지하면서 이끌고 다니는 강력한 힘을 가진 것은 무엇인가? 그것은 '생각'이다. 더 구체적으로 적시한다면, '나'라는 생각, 즉 에고이다.

지금 그대는 에고에 의해 점령당해 있다. 에고가 그대를 끌고 다니며 하인처럼 마음대로 부려 먹고 있다. 그러나 에고는 그리 호락호락하고 만만한 상대가 결코 아니다. 강력한 힘을 지닌 그야말로 '힘센 자'이다. 따라서 그대가 에고에 의해 점령당한 집을 다시 되찾고자 한다면, 에고에 사로잡힌 그대 자신을 다시 본원으로 되돌리고자 한다면, 그대는 무엇보다도 먼저 에고의 두 손을 결박해야만 한다. 강력한 힘을 지닌 에고가 더 이상 힘을 쓰지 못하도록 두 손을 묶지 않으면 안 되는 것이다.

그러나 예수는 여기서 힘센 자인 에고를 '없애야 한다.'거나 '죽여야 한다.'고는 말하지 않는다. 그것은 무엇 때문인가? 에고는 결코 없애거나 죽일 수 없는 것이기 때문이다. 에고는 그대가 현상세계를 살아가는데 있어서는 필요한 도구이다. 에고의 역할은 PC 게임에 있어서 아바타와 같다. 아바타 없이 어떻게 PC 게임이 가능하겠는가?

다만 에고가 주인 노릇을 하지 못하게 두 손을 묶어버리면, 에고는 하인으로서, 아바타로서 충실히 제 역할을 수행할 수가 있다. 그래서 예수는 '먼저 그의 손을 묶어야 한다.'라고 말하고 있는 것이다.

그러면 그의 집을 약탈할 수가 있다.

먼저 에고의 손을 묶어서 더 이상 힘을 쓰지 못하게 하라. 그러면 그대는 "어떻게 하면 에고가 힘을 쓰지 못하게 손을 묶을 수 있나요?" 하고 물을 것이다. 에고는 실체가 아니다. 에고는 생각일 뿐이다. 다만 에고가 생각임을 분명하게 보는 것이 에고의 두 손을 묶는 것이다. 그대가 에고의 정체를 한 번만이라도 확실하게 꿰뚫어 보게 되면 에고는 더 이상 이전처럼 힘을 쓰지 못하게 된다.

만일 그렇게 할 수 있다면, 그대는 에고의 손아귀에서 벗어나서 존재의 본원으로 되돌아갈 수가 있다. 이것이 해탈이다.

## 제36절 ___ 무엇을 입을까 걱정하지 말라

예수께서 말씀하셨다.
"너희는 아침부터 저녁까지 그리고 저녁부터 아침까지
무엇을 입을까 걱정하지 말라."

\* \* \*

〈도마복음〉을 비롯한 예수의 모든 비유적인 말씀들은 마음에 관한 이야기다. 따라서 먼저 이 점을 명확하게 알지 못하면 예수가 말씀하는 비유들의 핵심을 파악할 수가 없다. 이 절에서도 예수는 제자들에게 단순하게 몸에 걸치는 옷에 대해 이야기하고 있는 것이 아니다. 예수는 입는 옷이 아닌, 본성을 가리는 옷에 대해 제자들에게 가르침을 주고 있다.

다음 절인 37절에서 예수는 "언제 우리가 주님을 보게 됩니까?"라는 제자들의 질문에 대해 "너희가 부끄러워하지 않고 너희의 옷을 벗고 어린아이들이 하듯이 너희의 옷을 들어 너희의 발밑에 놓고 그것을 밟는다면 그때 너희는 살아있는 이의 아들을 보리라."고 대답한다. 관념에 물들지 않은 어린아이들처럼 본성을 가리고 있는 옷인 관념을, 생각을 내려놓아야만 살아있는 이의 아들인 본성을 보게 될 것이라고 말하고 있는 것이다. 따라서 36절을 37절과 연관해서 이어지는 말씀으로 보면 '옷'의 비유적 의미는 더욱 명확하게 드러나게 된다.

> 너희는 아침부터 저녁까지 그리고 저녁부터 아침까지
> 무엇을 입을까 걱정하지 말라.

예수는 말한다.

"너희는 아침부터 저녁까지 하루 종일 어떤 생각과 관념을 믿어야만 할지 걱정하지 말라. 생각과 관념은 너희 위에, 본성 위에 덧씌워진 옷에 불과하다. 너희가 그것을 실제로 착각하면 너희는 주님을 보지 못하게 될 것이다. 생각과 관념의 옷을 입지 않은 있는 그대로의 너희가 바로 주님이요 아버지이다."

## 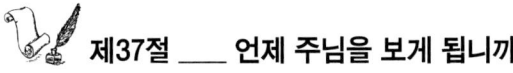 제37절 ___ 언제 주님을 보게 됩니까

> 제자들이 예수께 물었다.

"주님께서는 언제 우리에게 나타나십니까?
언제 저희가 주님을 보게 됩니까?"


예수께서 말씀하셨다.
"너희가 부끄러워하지 않고 너희의 옷을 벗고
어린아이들이 하듯이 너희의 옷을 들어
너희의 발밑에 놓고 그것을 밟는다면
그때 너희는 살아있는 이의 아들을 보고
너희는 두려워하지 않게 되리라."

* * *

주님께서는 언제 우리에게 나타나십니까?
언제 저희가 주님을 보게 됩니까?


제자들이 예수에게 묻는다.
"주님께서는 언제 우리에게 나타나십니까?"

여기서의 '주님'은 개인으로서의 예수를 지칭하는 것이 아닌 것은 분명하다. 제자들은 그들을 두려움으로부터, 불안으로부터, 죽음으로부터 구원해줄 '주님'을 기다리고 있는 것이다.

"저희는 사는 것이 두렵고 불안합니다. 하루하루의 삶이 고통스럽습니다. 저희를 하늘나라로 인도해주실 주님께서 나타나시기를 갈망하고 있습니다. 저희가 학수고대하고 있는 주님은 언제 볼 수가 있습니까?"


너희가 부끄러워하지 않고 너희의 옷을 벗고
어린아이들이 하듯이 너희의 옷을 들어

이 말씀의 키워드는 '너희의 옷'이다. 예수가 말하는 '너희의 옷'은 무엇을 가리키는가? 이 물음에 대한 해답은 '어린아이'라는 단어에 들어있다. 예수는 여기서 자신이 즐겨 사용하는 비유어를 다시 언급한다. 어린아이의, 갓난아이의 특징은 무엇인가? 그들은 옷을 걸치지 않은 채로, 알몸으로 태어난다. 그러나 그대는 갓난아이가 두르고 있지 않은, 옷을 입고 있다. 예수는 그대에게 그 옷을 벗으라고 주문하고 있다.

그러나 그대에게는 자신이 입고 있는 그 옷은 보이지 않는다. 그대는 자신이 그 옷을 입고 있는지조차도 의식하지 못하고 있다. 그대가 입고 있으나 보이지 않는, 의식하지 못하고 있는 그 옷은 무엇인가? 그것은 '나'라는 생각, 즉 에고를 가리킨다. 예수는 그대에게 에고 의식을 벗어버린 뒤, 그것을 내려놓고 그것이 진정한 그대가 아님을 자각하라고 말하고 있다.

> 그때 너희는 살아있는 이의 아들을 보고
> 너희는 두려워하지 않게 되리라.

그때 그대는 '살아있는 이의 아들'을, 살아있는 영원한 생명인 참나를 보게 될 것이다. 그러면 그대는 더 이상 불안과 두려움으로 고통받지 않게 될 것이다. 죽음조차도 넘어설 수 있게 될 것이다.

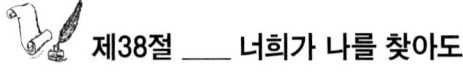

## 제38절 ___ 너희가 나를 찾아도

예수께서 말씀하셨다.

"너희는 지금 내가 너희에게 하는 이 말들을 여러 번 듣고 싶어 했다.

하지만 다른 누구로부터도 이런 말들을 들어볼 수 없었다.

이제 너희가 나를 찾아도

나를 볼 수 없게 되는 날이 올 것이다."

\* \* \*

예수는 여기서 다소 비장한 느낌으로 말하고 있음이 말씀의 행간에 묻어난다. 여기서의 '너희'는 제자들이나 경청하고 있는 청중일 수도 있고, 나아가 이 글을 읽고 있는 그대일 수도 있다.

이 절에서 예수가 말하고 있는 '내가 너희에게 하는 이 말들'은 삶에 대한 교훈이나 훈계와 같은 일반적인 가르침이 아니다. 그것은 존재의 실상을 알려주는 비밀스러운 가르침이다. 생각으로는 도저히 도달할 수 없는, 하늘나라로 가는 이정표에 대한 말씀이다.

너희는 지금 내가 너희에게 하는 이 말들을 여러 번 듣고 싶어 했다.

하지만 다른 누구로부터도 이런 말들을 들어볼 수 없었다.

"모든 사람들이 지금 내가 하고 있는 이 말들을, 아버지 나라를 가리켜주는 내비게이션인 이 가르침을 듣고 싶어 하면서 오랫동안 기다려왔다. 그러나 그 누구도 그것을 말해주지 않았으며, 누구에게서도 들을 수가 없었다."

무엇 때문에 모든 사람들이 예수의 비밀의 가르침을 기다려 왔는가? 그것은 목마름 때문이다. 하늘나라를 발견하고자 하는 갈망 때문이다. 그러면 사람들은 왜 하늘나라를 발견하기를 학수고대하는가? 하늘나라를 알지 못하면 삶이 고통스럽다. 죽음의 공포에서 벗어날 수 없기 때문이다. 제아무리 발버둥을 치고 용을 써도 번뇌에서, 생각의 질곡에서 벗어날 수 없기 때문이다.

유대 사람들은 하늘나라로 인도하는 참된 가르침을 듣기를 오랫동안 오매불망 갈망해왔지만, 예수가 출현할 때까지 어느 누구로부터도 들을 수가 없었다. 예수 이전의 유대 민족의 24명의 선지자로부터도 들을 수가 없었다. 예수 이전의 선지자들은 하나님의 섬김에 대해서 이야기했지만, 예수의 말씀은 '그대가 바로 하나님'임을 알려주어 자신 속에서 하늘나라는 발견하게 하는 혁명적인 가르침이었다.

이제 너희가 나를 찾아도

나를 볼 수 없게 되는 날이 올 것이다.

이 짧은 문장 안에 앞날을 미리 내다보는 듯한 예수의 묵시적인 비장함이 드러난다.

"그러나 나의 가르침은 오래가지 않아서 너희의 무지에 의해 다시 잊혀져서 망각 속에 묻힐 것이다. 그리하여 너희로 하여금 하늘나라로 인도하는 나의 가르침은 너희가 목마르게 찾아 헤매도 찾을 수 없는 날이 올 것이다."

예수의 이 묵시적인 예언대로 세상 사람들의 무지는 하늘나라로 인도하는 예수의 가르침을 땅속에 파묻어버리고 말았다. 그것은 예수의 진정한 본지를 윤색하고 왜곡해 버렸기 때문이다.

 **제39절 ____ 비둘기처럼 순결하라**

예수께서 말씀하셨다.

"바리새인들과 학자들이 깨달음에 이르는 열쇠를 취하여 감추었다.

그들은 자신들도 들어가지 않으면서

들어가기를 원하는 자들도 들어가지 못하게 했다.

그러나 너희는 뱀처럼 지혜롭고 비둘기처럼 순결하라."

\* \* \*

바리새인들과 학자들이 깨달음에 이르는 열쇠를 취하여 감추었다.

그들은 자신들도 들어가지 않으면서

들어가기를 원하는 자들도 들어가지 못하게 했다.

'바리새인'이란 누구를 말하는가? '바리새인'이란 '분리된 자, 거룩한 자'란 뜻으로 율법을 철저히 지키며 불결하고 부정한 것을 거부하는 유대교의 한 종파를 말한다. 그들은 예수 당시 사두개파, 엣세네파와 함께 유대교의 주류 세력이었고 엄격한 율법 준수와 모범으로 유대인에게 큰 신망과 존경을 받았다. 그러나 그들은 지나친 형식주의와 율법주의, 극단적인 분리주의, 그리고 권위주의적인 특권 의식에 빠져 있었다.

예수는 바리새인들과 학자들이 깨달음에 이르는 열쇠를 취하여 감추었다고 지적하면서 통렬하게 비판하고 있다. 하지만 무엇을 감추려면 먼저 그것이 무엇인지를 알아야만 한다. 그러나 과연 바리새인들과 학자들이 깨달음이 무엇인지를 알았을까? 형식주의와 율법주의는 종교의 생명력이 고갈되었을 때 만연되는 일종의 매너리즘이다. 어떤 종교든 그 핵심에서 깨달음이 사라지면 종교적 의례와 형식을 강조하게 되며, 그것을 지키는 것을 가장 중요한 종교 활동으로 높이 떠받들게 된다. 바리새인들뿐만 아니라 개념을 다루고 실체화하면서 관념 속에 사는 사람들이 율법학자들이다. 그러나 인간 심연의 깊은 종교성은, 본성에 대한 깨침은 개념 속에서는 절대로 나올 수가 없다. 오직 개념과 생각을 내려놓았을 때, 비로소 본래의 마음을, 진리를 볼 수가 있기 때문이다.

그러므로 바리새인들과 율법학자들이 알고서 깨달음의 열쇠를 감추었을 리는 없다. 다만 그들 자신도 깨닫지 못했기 때문에 무지한 상태에서 다른 사람들이 깨칠 수 있는 가능성을 제한하고 차단했던 것이다. 그들은 깊은 차원에서 진리와 하나 됨을 외면했다. 사람들에게 참진리를 가르치려고 하지 않았다.

그보다는 자신들의 세속적 이익을 위해 사람들에게 하나님의 율법에 순종하면 복을 받고 죽은 뒤에 천국에 간다는 기복적인 신앙만 가르쳤다. 당시의 바리새인들과 율법학자들의 종교 행위는 지금 우리나라 대부분 교회와 사찰에서 행해지고 있는 기복신앙의 형태와 크게 다르지 않았다.

그래서 예수는 이렇게 외친다.

"바리새인들과 율법학자들은 너희가 하늘나라에 이르는 길을 찾지 못하도록 방해하는 자들이다. 그들은 자신도 하늘나라를 찾으려 하지 않으면서 하늘나라로 들어가려는 사람들조차도 들어가지 못하도록 막는다."

그러나 너희는 뱀처럼 지혜롭고 비둘기처럼 순결하라.

예수는 제자들에게 왜 뱀처럼 지혜롭고 비둘기처럼 순결하라고 당부하는가? 고대 서양에서는 뱀은 사람들에게 지혜의 상징으로 여겨졌다. 구약의 창세기에서는 아담과 이브에게 선악과를 따먹게 꾄 뱀을 "하나님이 만드신 모든 들짐승 가운데 가장 지혜로웠다."고 묘사하고 있다. 이와 함께 비둘기 또한 관념의 옷을 벗어버린 순결의 상징으로, 성령의 상징으로 언급되고 있다.

이 절에서 예수는 제자들에게 이렇게 촉구하고 있다.

"너희는 바리새인들과 율법학자들이 그릇된 길로 인도하더라도 속거나 거짓에 물들지 말고 뱀처럼 지혜롭고 비둘기처럼 순결하게 처신하라. 그리하여 너희 안의 하나님을 깨달으면 하늘나라로 들어가게 될 것이다."

예수 당시나 지금이나 그대로 하여금 깨달음의 길로 나아가지 못하게 막고 있는 장본인은 기성의 종교다. 기성종교는 이미 정형화된 관념을 그대에게 주입한 뒤 그것을 무조건 믿을 것을 강요한다. 그대가 기성종교가 부여한 관념을 맹목적으로 믿을 경우 그대는 결코 자기 안의 하나님을 만날 수가 없다. 하나님은 관념이 아니기 때문이다.

그러므로 그대 또한 예수의 당부처럼 뱀처럼 지혜롭게 모든 기성의 관념들을 뛰어넘는다면 비둘기처럼 순결한 그대의 본성을, 하나님을 만날 수 있게 될 것이다.

## 제40절 ___ 떨어져 나온 포도나무 줄기

예수께서 말씀하셨다.

"포도나무 줄기가 아버지로부터 떨어져 심어졌으나

튼튼하지 못하기에 뿌리째 뽑히어 죽고 말리라."

\* \* \*

포도나무 줄기가 아버지로부터 떨어져 심어졌으나

튼튼하지 못하기에 뿌리째 뽑히어 죽고 말리라.

'포도나무 줄기'란 무엇을 상징하는가? 그것은 평범한 하나의 생명체를 대표한다. 그러면 '아버지'는 무엇을 가리키는가? 예수가 말하는 '아버지'는 〈도마복음〉 전체에서 일관되게 전체 생명을 가리킨다.

따라서 이 절의 예수의 말씀을 다음과 같은 뜻이다.

"한 생명체가 전체 생명으로 분리된다면, 그것은 생명의 근원으로부터 단절됐기 때문에 뿌리째 뽑히어 말라죽고 말 것이다."

이는 너무나 당연한 말씀이기에 그대는 예수가 왜 굳이 이런 말을 했을까 하고 의아해할지도 모른다. 그러나 앞에서도 말했다시피 예수의 모든 말씀은 궁극적으로 존재의 실상을 가리키고 있다. 모든 생명체는 전체 생명으로부터 결코 분리될 수가 없다. 그것은 불가능한 일이기 때문이다. 그러나 오직 인간에게 있어서만 이 같은 분리가 가능하다. 인간은 생각과 개념을 사용하기 때문이다.

'아버지로부터 떨어져 나와 심어진 포도나무 줄기'는 에고를 상징한다. 그리고 '아버지'는 참나를, 하나님을 가리킨다. 아들은 아버지로부터 결코 떨어져 나온 적이 없지만 유독 인간만이 자신을 전체 생명과 분리된 '개인'이라고 생각한다. 이 같은 생각이 바로 '에고'다. 사실, 에고는 망상인 동시에 착각에 불과하다. 그러므로 아버지로부터 떨어져 나와 심어진 포도나무 줄기는 결코 거대한 나무로 자라나 열매를 맺을 수가 없다. 그것은 생명력이 없기 때문에 뿌리째 뽑혀 말라죽을 수밖에 없다.

그대가 만일 전체 생명인 참나와 분리된 '개인'임을, 에고임을 고집하고 그것을 믿는다면, 그대는 결코 참 생명인 아버지와 하나가 되어 참된 행복과 평화를 누릴 수가 없을 것이다.

지나가는 사람이 되라

# 제41절 ___ 손에 가진 자는

예수께서 말씀하셨다.

"손에 가진 자는 더 많이 받을 것이며,

아무것도 가진 것이 없는 자는

그가 가진 작은 것마저 빼앗길 것이다."

* * *

손에 가진 자는 더 많이 받을 것이며,

'손에 가진 자'라고 해서 예수가 물질적 소유에 대해서 말하고 있다고 생각할지도 모른다. 그러나 일관되고도 주된 예수의 관심은 물질적인 소유나 권력에 있지 않다. 예수는 언제나 영靈, 즉 마음의 깨어남에 초점이 맞춰져 있다. 따라서 이 점을 간과해버린다면 그가 말하고자 하는 바의 본지를 이해할 수가 없다.

여기서 예수가 말하는 '손에 가진 자'는 물질적으로 많은 것을 소유한 사람을 가리키는 것이 아니다. 영적으로 깨어나서 마음이 부유한 사람을 가리키고 있다. 영적으로 깨어난 사람에게는 고요하고 평온한 마음이, 하늘나라가 상으로 주어진다. 그는 더 원하지도 않고 있는 그대로 자족할 수 있게 된다. 그저 존재하는 것만으로도 더없이 평화롭고 안온한 지복 속에 산다. 더 이상 바라고 원하는 것이 없으니 모든 것을 다 가진 것과 같다. 그는 아무런 조건 없이 주어지는 넘치는 행복 속에서 살아가게 된다. 자기 안의 하늘나라를 발견한 사람은 재벌이나 대통령이 조금도 부럽지 않다. 꿈속에서 허덕이는 그들이 오히려 측은하게 보인다.

그래서 예수는 말한다.

"영적으로 깨어나 마음이 부유한 자는 하늘나라에서 더욱 큰 행복과 부유함이 주어질 것이다."

아무것도 가진 것이 없는 자는
그가 가진 작은 것마저 빼앗길 것이다.

'아무것도 가진 것이 없는 자'는 누구를 가리키는가? 영적으로 가난한 사람을 가리킨다. 관념과 생각에서 깨어나지 못해 언제나 번뇌에 시달리는 사람을 말한다. 비록 그가 물질적으로는 많은 것을 소유하고 있어 풍요롭게 보일지라도 영적으로는 아무것도 가진 것이 없는 자이다. 그는 무엇을 하더라도 자족할 수 없으며, 기쁨과 평화를 누릴수 없기 때문에 그가 가진 작은 것마저도 그의 행복에는 아무런 도움을 줄 수가 없다.

세상에는 겉으로 보기에는 많은 것을 가졌으나 내면에는 아무것도 가지지 못한 사람들로 넘쳐난다. 가진 것이 없는 자는 영적으로 깨어나지 못한 자, 다시 말하면 진정한 자신이 무엇인지 발견하지 못한 사람이다. 그는 진정한 자신이 누구인지 모르기 때문에 부와 권력, 명예 등 외적인 대상을 획득해 그것을 자기 정체성의 대용물로 삼으려한다. 욕망을 좇아서 끝없는 미망 속에서 헤매지만 진정한 자기중심이 없기 때문에 내면은 언제나 공허하다. 비록 각고의 분투 끝에 요행으로 재벌이 되거나 권력의 정점에 선다 할지라도 마음의 평화가 없기 때문에 자신이 가진 부와 권력을 제대로 누릴 수조차 없다. 그래서 예수는 "그가 가진 작은 것마저 빼앗길 것"이라고 말하고 있다.

깨어나라! 그러면 그대에게 내면의 왕국인 하늘나라로부터 한정 없는 풍요와 지복이 넘치도록 주어질 것이다.

 **제42절 ___ 지나가는 사람이 되라**

예수께서 말씀하셨다.
"지나가는 사람이 되라."

\* \* \*

지나가는 사람이 되라.


지나가는 사람이 되라는 말은 무슨 말인가? 집을 버리고 나와서 세상을 떠도는 나그네가 되어야만 한다는 말인가? 지나가는 나그네는 어떤 사람을 말하는가? 나그네는 길을 가는 사람이며, 따라서 그에게는 잠시 머물 수 있는 여인숙이나 객사客舍는 있어도 상주할 수 있는 집은 없다. 나그네는 어느 집 처마 밑에서 잠시 이슬이나 서리를 피하거나 운이 좋으면 여인숙에서 하룻밤 묵었다가 다시 길을 떠나야만 한다. 그러므로 나그네는 지속해서 머물 곳이, 상주할 곳이 없는 사람이다.

그렇다면 예수가 제자들에게, 또 그대에게 지나가는 사람이 되어야만 한다고 말하는 이유는 명확하지 않은가? 나그네가 되라는 것은 어디에도 머물지 말라는 말이다. 그것은 곧 그대가 어떤 것에도, 어떤 대상에도 집착하지 말라는 말과 다름이 아니다.

생각과 감정, 다섯 가지 감각 경험 등 그대에게 알려지는 모든 것은 나타났다가 잠시 머물다 사라진다. 영원히 머물러 있지 않고 잠시 스쳐 지나간다. 그대가 고통을 받는 것은 스쳐 지나가는 대상들을 붙잡고 집착하기 때문이다. 지나가는 나그네가 되라는 것은 지나가는 무상한 것들에 집착하지 말라는 것이다. 어디에도 머물지 말라는 말이다.

그대가 알려지는 어떠한 대상에도 집착하지 않을 때, 언제나 변함없이 모든 것을 알아차리고 있는 그대의 참된 정체성이 드러날 것이다. 그대의 참된 정체성인 순수 자각이 그대 자신에게 알려질 것이다. 그대가 어디에도 머물지 않을 때, 어떤 대상에도 동일시되거나 집착하지 않고 편히 쉴 때, 그대의 본성인 하늘나라는 저절로 드러나게 된다. 지나가는 나그네가 되어라. 그러면 하늘나라가 그대에게 펼쳐질 것이다.

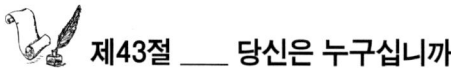

## 제43절 ___ 당신은 누구십니까

제자들이 예수께 물었다.
"저희에게 이러한 것들을 말씀하시는 당신은 누구십니까?"


"너희는 내가 너희들에 말해주는 것을 듣고도
내가 누구인지 알지 못하는구나.
너희는 유대 사람들과 같아졌구나.
그들은 나무를 사랑하되 그 열매는 미워하거나
열매를 사랑하되 그 나무는 미워하기 때문이다."

\* \* \*

저희에게 이러한 것들을 말씀하시는 당신은 누구십니까?

예수의 제자들은 되풀이해서 끈질기게 예수에게 묻는다.

"선생님은 도대체 누구십니까? 누구시기에 그렇게 엄청난 권위를 갖고 말씀하십니까? 당신의 진정한 정체를 알고 싶습니다."

제자들의 이 같은 질문은 잘못된 것이 아니다. 외람된 질문도 아니고, 하지 말아야 할 질문은 더더욱 아니다. 이렇게 물을 수밖에 없는 그들 또한 속으로는 얼마나 답답했겠는가? 제자들은 왜 예수가 누구인지 줄기차게 묻고 있는가? 예수가 누구인지 알아야만 그들 자신의 진정한 정체도 알 수 있기 때문이다. 예수의 참된 정체성을 아는 것이 그들이 알아야만 할 모든 것이다. 그것을 알지 못하면 결코 그들 자신이 누구인지 알 수 없기 때문이다. 예수의 참된 정체성을 아는 것이 곧 자신들의 참된 정체성을 아는 것이다. 그래서 제자들은 집요하고 끈질기게 예수에게 "진정 당신은 누구십니까?"하고 묻고 있다.

> 너희는 내가 너희들에 말해주는 것을 듣고도
> 내가 누구인지 알지 못하는구나.

그러자 예수는 제자들을 측은하게 바라보면서 대답한다.

"내가 지금까지 아버지와 하늘나라에 대해서 동해 물과 백두산이 마르고 닳도록 이야기했건만 아직도 너희들은 눈치채지 못했구나? 너희들이 만약 너희 안의 아버지를 눈치챘다면 그런 멍청한 질문을 하지 않을 것이다. 내가 누구인지 곧바로 알아차렸을 것이기 때문이다."

> 너희는 유대 사람들과 같아졌구나.
> 이는 그들이 나무를 사랑하되 그 열매는 미워하거나

열매를 사랑하되 그 나무는 미워하기 때문이다.

"너희는 마치 율법학자나 바리새인들처럼 달을 가리키는 손가락만 보고 정작 달은 보지 못하는구나. 나무와 열매는 같은 동일한 근원에서 나온 것으로 다른 것이 아니다.

그런데 율법학자와 바리새인들은 그 사실을 알지 못한다. 그래서 그들은 나무와 열매가 같은 것인 줄 모르고 나무를 사랑하되 열매를 미워하거나, 열매를 사랑하되 그 나무는 미워한다. 만일 너희들이 지금까지 내가 주야장천 너희에게 가리켜 보여주고 있는 내면의 빛을, 아버지를 보았더라면, 내가 누구인지 묻는 그런 어리석은 질문을 하지 않을 것이다.

너희와 나는 같은 아버지로부터 왔다. 내 안의 아버지가 바로 너희 안의 아버지이다. 그러므로 너희가 만약 너희 안의 아버지를 발견했더라면, 지금처럼 나에게 '당신은 누구십니까?'라고 하는 어리석은 질문을 하지 않을 것이다. 제발 말뜻을 따라가지 말고 내가 무엇을 가리키는지 정확히 보라. 그러면 너희도 아버지를 곧바로 발견할 수 있을 것이다."

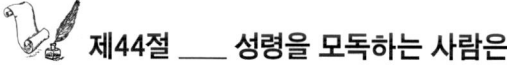

## 제44절 ___ 성령을 모독하는 사람은

예수께서 말씀하셨다.
"아버지를 모독하는 사람도 용서받을 수 있고,
아들을 모독하는 사람도 용서받을 수 있다.
그러나 성령을 모독하는 사람은

땅에서도 하늘에서도 용서받지 못할 것이다."

\* \* \*

아버지를 모독하는 사람도 용서받을 수 있고,
아들을 모독하는 사람도 용서받을 수 있다.
그러나 성령을 모독하는 사람은
땅에서도 하늘에서도 용서받지 못할 것이다.

예수는 어떤 취지에서 이 말씀을 하고 있는가? 예수가 말하고자 하는 본지를 알기 위해서는 이 절의 핵심 키워드인 '아버지'와 '아들', 그리고 '성령'은 무엇을 가리키는지를 알아야만 할 것이다.

예수가 말하는 '아버지'는 무엇을 가리키는가? 〈도마복음〉에서 반복해서 일컬어지고 있는 '아버지 나라', '아버지'는 전체 생명을 말한다. 아버지가 바로 절대이다. 그러면 절대란 무엇인가? 상대할 것이 없다는 말이다, 상대할 것이 없다는 것은 곧 둘이나 다수가 아닌 오직 하나요 전체라는 의미이다. 그러나 절대는 대상화되지 않기 때문에 스스로를 알 수는 없다. 따라서 현상계에서는 절대를 추정할 수는 있지만, 절대를 볼 수는 없다. 아버지는 궁극적인 실재인 절대이다. 그렇다면 '아들'은 무엇인가? 여기서의 아들은 예수처럼 내면의 아버지인 절대를 깨달아 다른 사람들에게 이를 전파하는 역할을 하는 사람을 가리킨다.

아버지를 모독하는 사람도 용서받을 수 있고,
아들을 모독하는 사람도 용서받을 수 있다.

"전체 생명인 아버지를 모독하는 자도 용서받을 수 있고, 나와 같이 아버지를 깨달은 아들을 모독하는 자도 용서받을 수 있다."

그러나 성령을 모독하는 사람은
땅에서도 하늘에서도 용서받지 못할 것이다.

"그렇지만 성령을 모독하는 자는 땅에서도 하늘에서도, 그 어디에서도 용서받지 못할 것이다."

'성령'이란 무엇인가? 그리고 성령을 모독하는 자는 왜 용서받지 못하는가? 성령이란 지금 그대를 숨을 쉬게 하고 살아있게 하는 동시에 스스로 존재하는 줄 아는, 생명의 본질이다. 성령은 하늘과 땅, 전체 우주에 충만해 있어서 없는 곳이 없으며 전지전능하다. 그리고 그것은 존재하는 모든 것들에 내재하고 있다.

그러므로 성령은 자기 존재 자체이므로 절대인 아버지보다, 절대의 화신인 아들보다 더 근원적이며 본질적이다. 성령을 모독하고 부정한다는 것은 자기 존재 자체를 부정하는 것이며, 그로 인해 아버지 나라를 발견할 가능성마저 짓밟는 행위이기 때문에 용서받을 수 없는 것이다.

그래서 예수는 말한다.

"성령을 모독하는 자는 자기 존재 자체를 부정하는 자임으로 그 어디에서도 용서받지 못할 것이다."

그러나 이 또한 개념적인 표현일 뿐이며, 분별하지 않는 근원에서 보면, 아버지와 아들, 성령은 사실 하나의 마음이다. 이 셋은 분리될 수가 없다.

# 제45절 ___ 마음의 창고에서 나오는 것

예수께서 말씀하셨다.

"가시나무에서 포도를 거둘 수 없고
엉겅퀴에서 무화과를 수확할 수 없다.
그것들은 열매를 맺지 못하기 때문이다.

선한 사람들은 자신의 창고에서 선한 것을 가져오고
악한 사람은 그들 마음의 악한 창고에서 악한 것을 가져온다.
그 마음의 넘쳐나는 것으로부터 악한 것을 가져오기 때문이다."

\* \* \*

〈도마복음〉에 나오는 예수의 가르침은 크게 두 가지로 나누어진다. 하나는 도마 등 일부 선택받은 소수의 제자로 하여금 아버지 나라를 발견할 수 있도록 인도하는 밀교密教, 즉 비밀의 가르침이다. 아버지 나라는 분리와 분별이 없으므로 선善과 악惡의 이원성과 인과율을 넘어선다. 다시 말하면 아버지는 생각과 개념 이전의 마음자리를 가리킨다. 따라서 예수의 비밀 가르침은 본성과 계합되지 못한 제자들이나 일반 대중들은 쉽게 이해할 수가 없었다.

또 다른 가르침은 의미가 표면에 드러나 있는 가르침으로 일반 대중들을 상대로 하는 교훈적인 가르침이다. 이는 분별 속에 있는 대중들을 대상으로 하기 때문에 선과 악이 분명하게 나뉘고 인과율이 적용된다. 따라서 누구나 그 뜻을 이해하기가 어렵지 않다. 45절은 후자에 속한다고 볼 수가 있다.

가시나무에서 포도를 거둘 수 없고
엉겅퀴에서 무화과를 수확할 수 없다.
그것들은 열매를 맺지 못하기 때문이다.

예수는 말한다.

"가시나무와 엉겅퀴에서는 포도와 무화과와 같은 열매를 수확할 수가 없다. 이들은 열매를 맺지 못하는 식물이기 때문이다. 원인이 없는 결과는 없다. 너희가 열매를 얻으려면 반드시 과실나무를 심고 가꾸어야만 하듯이 삶에서 좋은 결실을 얻으려면 그에 합당한 선한 행위가 뒷받침되어야만 하는 것이다."

선한 사람들은 자신의 창고에서 선한 것을 가져오고

여기서 '창고'라는 비유어는 무엇을 가리킬까? 우리의 모든 생각과 말, 행동은 어디에서 나오는 것일까? 살아오면서 우리가 습관적으로 행한 생각과 말, 행동은 스스로 의식하지 못할지라도 자동으로 모두 무의식에 기록되고 저장된다. 그리고 그 무의식은 자신도 알지 못하는 사이에 평소에 행하는 생각과 말, 행동에 영향을 끼친다. 무의식에 저장된 기억과 경향성이 이른바 '업業'이요 '카르마'이다.

따라서 이 절에서 예수가 말하는 '창고'란 잠재된 의식, 즉 무의식을 가리킨다. 만약 어떤 사람이 선한 행위를 한다면, 그것은 그가 평소에 선한 생각과 행위를 많이 해왔기 때문에 그것의 결과로서 자동으로 선한 행동을 하게 된다는 것을 말한다.

악한 사람은 그들 마음의 악한 창고에서 악한 것을 가져온다.
그 마음의 넘쳐나는 것으로부터 악한 것을 가져오기 때문이다.

누가 악한 자인가? 악한 행위를 하는 사람이다. 그는 평소에 행한 악한 생각과 말, 행동이 습관으로 굳어져 있기 때문에 저절로 악한 생각과 행위, 말을 하게 된다. 이는 악한 생각과 말, 행위 또한 습관화된 무의식에서 나온다는 것을 일깨워 주는 말씀이다.

예수는 말한다.

"가시나무에서 포도를, 엉겅퀴에서 무화과를 수확할 수는 없듯이 평소에 악한 행위를 해온 사람은 선한 행위를 할 수 없고 선한 행위를 해온 사람은 악한 행위를 할 수가 없다. 왜냐하면, 뿌린 대로 거두기 때문이다. 그러므로 너희도 평소에 선한 생각과 말, 행동을 실천하여 그것이 쌓여서 그 결과로 저절로 선한 행위가 나오도록 하라."

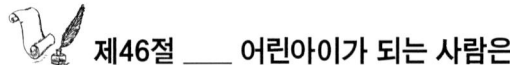

## 제46절 ___ 어린아이가 되는 사람은

예수께서 말씀하셨다.
"아담에서 세례 요한까지 여자에게서 태어난 사람들 가운데
세례 요한보다 더 위대한 자가 없다.
그는 누구에게도 고개를 숙일 필요가 없다.
그러나 나는 너희에게 말한다.
너희 중 누구나 어린아이가 되는 사람은
천국을 알게 될 것이며,

요한보다 더 위대하게 될 것이다."

* * *

아담에서 세례 요한까지 여자에게서 태어난 사람들 가운데
세례 요한보다 더 위대한 자가 없다.
그는 누구에게도 고개를 숙일 필요가 없다.

성경에 나오는 세례 요한은 예수에게 가장 큰 영향을 미친 사람이다. 예수는 그를 만나서 세례를 받음으로써 하늘나라가 이미 와 있음을 알리는 구세주로서의 사명을 본격적으로 시작했다. 세례 요한은 사람들에게 물로 세례를 주면서 머지않아 하느님 나라가 도래할 것이며, 이를 예비해야 한다고 사람들에게 외쳤다.

여기서 예수는 세례 요한을 아담으로부터 여자에게서 태어난 사람들 가운데 가장 위대한 사람이라고 말하고 있다. 예수는 무엇 때문에 세례 요한을 굳이 '여자에게서 태어난 이 가운데 가장 위대한 사람'이라고 지칭하고 있는가? 그것은 요한이 위대하기는 하나 '여자에게서 태어나지 않은 이', 즉 깨달은 그리스도는 아니라는 뜻이다. 세례 요한은 물로 사람들에게 세례를 주면서 하나님의 율법을 어긴 자들을 향해 회개하라고 외쳤다. 하지만 그는 내면의 아버지를 깨달아 거듭나는 단계까지 가지는 못했다고 예수는 제자들에게 말하고 있다.

그러나 나는 너희에게 말한다.
너희 중 누구나 어린아이가 되는 사람은
하늘나라를 알게 될 것이며,
요한보다 더 위대하게 될 것이다.

여기서 '어린아이가 된다'는 것은 '옷을 벗는다'는 표현과 같은 의미로 모든 관념을 벗어버리고 생각 이전의 아버지(본성)를 깨닫는다는 것을 뜻한다.

"하지만 너희 중 누구나 생각 이전의 아버지를, 본래 마음을 깨닫는 사람은 지복에 넘치는 내면의 왕국을 알게 될 것이며, 그는 세례 요한보다 더 위대한 사람이 될 것이다."

 **제47절 ___ 두 주인을 섬길 수 없다**

예수께서 말씀하셨다.
"한 사람이 동시에 두 말을 탈 수가 없고,
두 활을 당길 수 없다.
그리고 한 하인이 두 주인을 섬길 수 없는데,
만일 두 주인을 섬긴다면
한 주인은 공경하고 다른 주인은 경시하게 되기 때문이다.

오래된 포도주를 마시고 즉시 새 포도주를 마시기 원하는 사람은 없다.
새 포도주는 헌 가죽 부대에 담지 않는데
이는 가죽 부대가 터질 수 있기 때문이다.
오래된 포도주는 새로운 가죽 부대에 담지 않는데
이는 포도주가 상하기 때문이다.
낡은 헝겊으로 새 옷을 깁지 않으니
이는 옷이 찢어질 수 있기 때문이다."

한 사람이 동시에 두 말을 탈 수가 없고,

두 활을 당길 수 없다.

그리고 한 하인이 두 주인을 섬길 수 없는데,

만일 두 주인을 섬긴다면

한 주인은 공경하고 다른 주인은 경시하게 되기 때문이다.

이 장에서 예수가 말하고자 하는 의도는 무엇인가? 한 사람이 동시에 두 말을 탈 수 없고 두 활을 당길 수 없으며, 두 주인을 섬길 수 없다. 그러면 어떻게 해야만 할까? 당연히 두 가지 중에 하나를 선택해야만 할 것이다. 만약 그렇다면 그대는 어떤 것을 선택할 것인가? 당연히 그대는 두 가지 가운데 더 상위에 있는 것을 선택하려고 할 것이다.

어떤 것이 상위에 있는 것인가? 모든 것을 포괄할 수 있는 것이 최상위의 것이다. 그러면 모든 것을 포괄할 수 있는 것은 무엇인가? 나뉜 모든 것을, 상대적인 모든 것을 포괄할 수 있는 것은 절대적인 것이며 전체인 것이다. 예수는 그것을 '아버지' 또는 '하나님'이라고 불렀다.

예수는 말한다.

"한 사람이 동시에 두 말을 탈 수 없고, 동시에 두 활을 당길 수 없으며, 똑같이 두 주인을 섬길 수 없다. 모든 것을 포괄할 수 있는 진리는, 하나님은 오직 하나다. 따라서 너희가 진리가 아닌 것을 섬긴다면 갖은 노고勞苦를 다 치르면서도 결코 편히 쉬지 못할 것이다. 너희 안의 하나님을 발견하는 것만이 너희가 안식할 수 있는 유일한 길이다."

오래된 포도주를 마시고

즉시 새 포도주를 마시기 원하는 사람은 없다.

새 포도주는 헌 가죽 부대에 담지 않는데

이는 가죽 부대가 터질 수 있기 때문이다.

오래된 포도주는 새로운 가죽 부대에 담지 않는데

이는 포도주가 상하기 때문이다.

낡은 헝겊으로 새 옷을 깁지 않으니

이는 옷이 찢어질 수 있기 때문이다.

"오래된 포도주를 마시고 나서 새 포도주를 마시기를 원하지 않듯이 하나님을 발견하고 나서도 다른 진리를 찾는 사람은 없다. 진리는, 하나님은 가장 먼저인 것보다 더 먼저이기 때문이다. 하나님을 깨달은 사람은 다른 것을 원하지 않는다. 새 포도주를 헌 가죽 부대에 넣지 않고 오래된 포도주를 새 가죽 부대에 넣지 않으며, 새 옷을 낡은 헝겊으로 깁지 않는 것은 만일 그렇게 한다면, 일을 그르치게 되기 때문이다.

마찬가지로 너희는 진리와 진리 아닌 것을 서로 섞지 말라. 나의 가르침은 진리인 하나님을 온전하게 드러내고 있으니 기존의 다른 가르침과 함께 할 수 없다. 그러니 너희는 나의 가르침을, 진리를 온전히 보존하라."

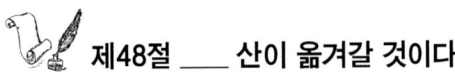 **제48절 ___ 산이 옮겨갈 것이다**

예수께서 말씀하셨다.

"만일 두 사람이 한집에서 평화롭게 지낼 수 있다면
그들이 산에게 '여기서 옮겨가라.'고 말하면
산이 옮겨갈 것이다."

* * *

만일 두 사람이 한집에서 평화롭게 지낼 수 있다면
그들이 산에게 '여기서 옮겨가라.'고 말하면
산이 옮겨갈 것이다.


예수의 가르침은 언제나 마음에 초점이 맞추어져 있다. 이 점을 잊지 않으면 48절 또한 어렵지 않게 숨겨진 함의를 알 수가 있다. 여기서 '집'은 마음을 가리킨다. 그런데 한집에, 한마음 안에 두 사람이 살고 있다. 그러면 두 사람은 과연 누구이겠는가?

이 두 사람은 '큰 나'와 '작은 나', 아버지와 아들이며, 참나와 에고이다. 이 두 사람이 평화롭게 지낼 수 있을 것 같으면, 거대한 산도 옮길 수 있을 정도로 이루지 못할 일이 없다는 말이다. 그러나 실제로는 마음 안에는 두 사람이 살고 있지 않다. 마음은 오직 하나이기 때문이다. 이 말을 들으면 그대는 아마 "그러면 마음을 왜 참나와 에고로 나눕니까?"라고 물을 것이다. 사실, 마음을 참나와 에고로 나누는 것은 에고는 실재하지 않는다는 것을 알려주기 위한 방편일 뿐이다. 에고 또한 참나의 작용이기 때문이다.

그대는 생각밖에 알지 못하며, 생각 이전의 본래의 마음을 알지 못한다. 그래서 '나라는 생각'(에고)을 자신으로 알고 있다. 그러나 그대가 본래의 마음자리를 보게 되면 에고가 단지 생각일 뿐 실재하지 않는다는 것을 깨닫게 된다. 그러면 그대의 내면에서는 뿌리 깊은 분리감과 갈등은 눈 녹듯이 사라진다. 그리고 지복과 행복이 넘치는 하늘나라에 살게 된다. 이때 이원적인 분리감이 사라지는 것은 바로 에고와 참나가 하나라는 것을 깨달았기 때문이다.

전체와 하나가 된 상태에서는, 하나님과 합일된 상태에서는 이루지 못할 일이란 없다. 일어나는 일 그대로가 바로 하나님의 역사 하심이기 때문이다.

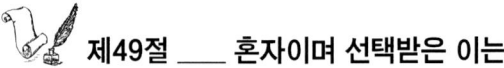

## 제49절 ___ 혼자이며 선택받은 이는

예수께서 말씀하셨다.
"홀로이며 선택받은 이는 복이 있다.
하늘나라를 발견할 것이기 때문이다.
너희는 그곳으로부터 왔기에
다시 그곳으로 돌아갈 것이다."
* * *
홀로이며 선택받은 이는 복이 있다.
하늘나라를 발견할 것이기 때문이다.

'홀로'라고 하면 아마 그대는 사회로부터 동떨어져 사는 외톨이를 떠올리거나 아니면 혼자 사는 독신자를 연상할지도 모른다. 예수는 여기서 '홀로'이며 선택받은 사람에게 축복을 내리고 있다. 사실 홀로인 사람과 선택받은 사람은 다른 사람이 아니다. 오직 홀로인 사람만이 선택받은 사람인 것이다.

그럼 어떤 사람이 홀로인 사람인가? 여기서 홀로인 사람은 마음이 홀로인 사람을 가리킨다. 그렇다면 마음이 홀로인 사람은 왜 선택받은 사람인가? 마음이 홀로라는 말은 마음이 이원적으로 분리되지 않고 하나라는 뜻이다. 마음이 생각에 의해 분열되거나 산란되지 않고 온전한 전체인 하나로 머물 수 있는 사람을 가리킨다. 마음이 홀로인 것이 바로 아버지요 하나님이다. 이 같은 의식 상태는 반드시 생각 이전의 본성 자리를 깨쳐야만 가능하다. 그래서 예수는 마음이 혼자인 사람은 선택받은 사람이며, 하늘나라를 발견할 것이라고 축복하고 있는 것이다. 하늘나라는 저 하늘 위나, 아니면 저 바다 밑 등의 공간적인 장소를 차지하는 어떤 곳이 아니다. 마음이 분열되거나 산란되지 않고 오직 홀로 머물 수 있는 의식상태가 바로 하늘나라이다.

'보라, 천국은 하늘에 있다.'고 말한다면
하늘의 새들이 너희보다 먼저 갈 것이다.

만일 그들이 너희에게 '천국은 바다에 있다.'고 말한다면,
물고기들이 너희보다 먼저 갈 것이다.
오히려 천국은 너희 안에도 있고
너희 바깥에도 있다.

그래서 예수는 앞의 3절에서도 하늘나라는 특정한 공간이 아니라 분별이 사라진 마음 자체임을 분명히 밝히고 있다.

너희는 그곳으로부터 왔기에

다시 그곳으로 돌아갈 것이다.

여기서 예수가 말하는 '그곳'은 어디를 가리키는가? '그곳'은 다른 곳이 아니다. 바로 혼자인 의식상태, 전일한 마음인 하늘나라를 지칭하고 있다. 그대는 하늘나라에서 왔고 지금도 하늘나라에 있으며, 다시 하늘나라로 돌아갈 것이다. 그대는 한 번도 하늘나라를 떠난 적이 없다. 그런데 그대는 지금 하늘나라를 잃어버렸다는 꿈을 꾸고 있다. 그대는 단지 전도몽상에 빠져있을 뿐이다. 그대의 겪고 있는 모든 근심과 걱정, 불안과 두려움은 이 같은 전도된 착각에서 비롯된다.

## 제50절 ___ 우리는 빛으로부터 왔다

예수께서 말씀하셨다.
"만약 그들이 너희에게 너희는 어디서 왔느냐고 물으면
그들에게 대답하라.
'우리는 빛으로부터 왔으며
그 빛은 그 자신에게서 나왔다.'고.
'그것은 형상 속에서 스스로를 나타낸다.'고.
만일 그들이 너희에게 너희가 누구냐고 물으면
그들에게 말하라.
'우리는 그 빛의 아들들이며
살아계신 아버지의 선택 받은 자들'이라고.
만약 그들이 너희에게

너희 안의 아버지의 표시가 무엇이냐고 물으면

그들에게 말하라.

'그것은 움직임과 쉼'이라고."

\* \* \*

이 장은 〈도마복음〉 중에서도 가장 중요한 장 가운데 하나이다. 예수 자신은 물론이요, 모든 삼라만상의 정체인 본성에 대해서 밝히고 있기 때문이다. 따라서 여기서 예수가 그대에게 가리키고 있는 바를 곧바로 알아차린다면, 그대는 아버지를, 본성을 깨닫게 될 것이다.

만약 그들이 너희에게 너희는 어디서 왔느냐고 물으면

그들에게 대답하라.

'우리는 빛으로부터 왔으며

그 빛은 그 자신에게서 나왔다.'고.

'그것은 형상 속에서 스스로를 나타낸다.'고.

예수는 제자들에게 말한다.

"만일 사람들이 너희들에게 너희는 어디서 왔느냐고 묻는다면, 이렇게 대답하라. '우리는 빛에서 왔으며, 그 빛은 스스로에게서 나왔다. 그것은 형상들 속에서 스스로를 나타낸다.'"

여기서의 '빛'은 어디까지나 순수의식인 '자각自覺'을 가리키는 비유적인 표현이다.

빛은 스스로는 드러나지 않으면서 모든 것을 밝게 비추어 드러낸다. 이와 마찬가지로 순수의식은, 순수자각은 스스로를 볼 수 없으나 모든 것을 비추어 안다. 순수의식은 스스로 존재하며 없는 곳이 없다. 따라서 다른 어떤 것으로부터도 말미암지 않는다.

"너희는 순수의식에서 나왔으며, 그것은 다른 것들로부터 말미암지 않고 스스로에게서 나왔다. 그것은 눈에 보이는 형상들 속에서 스스로를 나타내어 스스로 존재함을 자각한다."

> 만일 그들이 너희에게 너희가 누구냐고 물으면
> 그들에게 말하라.
> '우리는 그 빛의 아들들이며
> 살아계신 아버지의 선택 받은 자들'이라고.

"만일 사람들이 너희들이 누구냐고, 너희들의 정체가 무엇이냐고 묻는다면 이렇게 대답하라. '우리는 순수의식의 말미암음이며, 전체 생명의 나타남이다.'라고."

> 만약 그들이 너희에게
> 너희 안의 아버지의 표시가 무엇이냐고 물으면
> 그들에게 말하라.
> '그것은 움직임과 쉼'이라고.

"만일 사람들이 너희에게 너희 속에 있는 생명의 표시가, 특성이 무엇이냐고 묻는다면 이렇게 말하라. '그것은 움직임과 쉼이다.'라고."

어떤 생명체에게 생명이 있다는 것은, 살아있다는 표시는 무엇으로 알 수 있는가? 그것은 스스로 존재함을 아는 자각이, 알아차림이 있으며, 따라서 운동을 비롯한 움직임과 함께 쉼이 있다는 것으로 알 수가 있다. 살아있는 모든 것은 움직임과 쉼의 끝없이 계속되는 리듬 속에 있다. 생시와 잠, 들숨과 날숨 등이 그것이다.

## 제51절 ___ 새로운 세상은 언제 옵니까

제자들이 예수께 물었다.
"죽은 자의 휴식은 언제 오며,
새로운 세상은 언제 옵니까?"

예수께서 그들에게 말씀하셨다.
"너희가 기다리고 있는 것은 이미 왔으나
너희가 그것을 알아보지 못하고 있을 뿐이다."

\* \* \*

죽은 자의 휴식은 언제 오며,
새로운 세상은 언제 옵니까?

예수의 제자들은 미래의 어느 날엔가 죽은 자들의 영혼이 하늘나라에서 안식하게 되고 박해와 고난에 찬 이 세상에서의 삶이 끝나고 새로운 세상이 오게 된다는 유대민족 고유의 믿음을 갖고 있었다. 그래서 그들은 오래된 믿음 속에 예시된 새로운 세상을 도래하게 해 줄 메시아를 간절하게 기다리고 있다. 그들은 예수를 새로운 세상을 가져다줄 메시아로 믿고 있다. 그래서 그들은 예수에게 묻는다.

"죽은 자들의 영혼은 언제 안식하게 됩니까? 그리고 우리 모두가 기다리고 있는 새로운 세상은 언제 옵니까?"

너희가 기다리고 있는 것은 이미 왔으나

너희가 그것을 알아보지 못하고 있을 뿐이다.

예수는 제자들에게 답한다.

"너희가 기다리고 있는 영혼의 안식과 새로운 세상은 이미 와 있다. 그것은 미래에 오게 될 어떤 것이 아니다. 지금 여기에 와 있다. 단지 너희가 그것을 알아보지 못하고 있을 뿐이다. 귀 있는 자는 들어라!"

제자들은 예수에게 묻는다. 언제 영혼의 안식이 있고, 또 언제 새로운 세상이 도래하느냐고. 그들이 생각하는 영혼의 안식과 새로운 세상의 도래는 어디까지나 시간 안에 있다. 다시 말하면 생각 속에서 미래의 어느 시점에 이루어지고 도래할 것으로 기대되는 사건이다. 그러나 예수는 제자들에게 "너희들이 기다리고 있는 영혼의 안식과 새로운 세상은 이미 와 있으나 너희들이 다만 그것을 알아보지 못하고 있을 뿐이다."라고 대답한다.

예수가 제자들에게 말하고자 하는 바는 무엇인가? 예수가 말하는 '영혼의 휴식과 새로운 세상'은 시간의 바깥에 있다. 그러므로 그는 그 것이 이미 와 있다고 말하고 있는 것이다. 다시 말하면 예수가 말하는 영혼의 휴식과 새로운 세상은 '지금 이 순간'은 가리키고 있다. '지금 이 순간'은 시간 속에 속해 있지 않다. 시간을 벗어나서 존재한다.

시간이란 무엇인가? 시간 또한 하나의 개념이며, 따라서 생각의 범주를 벗어나지 못한다. 따라서 예수가 말하는 '영혼의 휴식과 새로운 세상'은 생각 속에 있지 않다는 말이다.

그러므로 예수는 제자들에게 이렇게 말하고 있다.

"너희들은 영혼의 휴식과 새로운 세상이 오기를 기다리고 있으나, 그것은 미래에 일어날 어떤 사건이 아니다. 영혼의 안식과 새로운 세상은 이미 와 있다. 너희들이 생각과의 동일시에서 벗어나기만 하면, 언제든 그것을 알아볼 수가 있다.

그러니 그것을 기다리지 말라. 생각에서 벗어난 하나님을 발견해 지금 여기에 머물기만 하라. 그러면 너희 영혼은 안식하게 되고 새로운 세상이, 하늘나라가 이미 와 있음을 볼 수 있으리라."


## 제52절 ___ 산 자는 빠트리고

제자들이 예수께 말했다.
"이스라엘에서 스물네 명의 예언자들이 모두
선생님에 대해 말했습니다."


예수께서 그들에게 말씀하셨다.
"너희는 너희 앞의 살아있는 자는 빠트리고
죽은 자에 대해서만 말하는구나."

\* \* \*

이스라엘에서 스물네 명의 예언자들이 모두
선생님에 대해 말했습니다.

유대 민족, 즉 이스라엘 사람들에게는 많은 예언자가 있다. 구약성경에 나오는 예언자들만 해도 이사야, 예레미야, 호세아, 아모스, 요나 등 모두 스무 명에 가까우며, 성서에는 나오지 않지만, 하나님의 말씀을 전했다고 공인된 사람들을 포함해 당신 이스라엘 사람들은 예언자를 모두 24명으로 파악하고 있었다.

그래서 제자들은 예수에게 이렇게 말한다.

"이스라엘에서 지금까지 모두 24명의 예언자가 하나님의 말씀을 전했는데, 그들 모두가 당신이 출현하셔서 가르침을 펴고 저희를 고난에서 건져줄 것을 예언하셨습니다."

구약시대의 이스라엘 사람들은 외세의 압제 속에서 나라를 잃고 사막을 떠도는 유랑생활의 어려운 상황에서 이스라엘과 자신들을 구원해줄 영웅인 구세주를 기다리고 있었다. 그들의 이러한 민족적인 염원이 반영된 것이 구약의 예언서이며, 예언서에서는 떠도는 유랑생활과 그로 인한 환란에서 이스라엘 민족을 구원할 메시아가 출현할 것임을 예언하고 있다.

제자들은 예수가 예언서에서 출현이 예언된 메시아인지를 확인하기 위해서 이 질문을 한 것이다. 따라서 제자들의 이 말은 앞선 예언자들이 이구동성으로 말한 메시아가 당신이라고 말하는 것처럼 보이지만, 사실 그들은 "과연 당신이 예언서에 기록된 그 메시아가 맞나요?"하고 예수에게 묻고 있다. 당시 제자들은 예수가 메시아임을 믿었기 때문에 예수를 따랐다. 그래서 예수의 비밀 가르침의 본지를 아직 깨닫지 못한 제자들은 예수를 이스라엘 민족을 타민족의 압제에서 구원해줄 메시아로 오인하고 있는 것이다.

너희는 너희 앞의 살아있는 자는 빠트리고
죽은 자에 대해서만 말하는구나.

이에 대해 예수는 대답한다.

"나는 예언서에 기록된 메시아가 아니다. 그 메시아는 이스라엘만의 메시아, 유대민족이라는 개념 속에 갇힌 또 하나의 작은 개념일 뿐이다. 그래서 그것들은 모두 생명이 없는 죽은 것들이다.

죽은 것들을 보지 말고 지금 너희 앞에 살아있는 나를 보라. 너희에 겐 내가 누구로 보이느냐? 나는 죽은 자가 아니고 살아있는 아버지의 아들이니라. 나는 진리요 아버지이며, 살아있는 생명 그 자체이니라. 너희는 아직 내가 누구인지 알지 못하는구나.

그래서 죽은 자에 대해서만 말하는구나."

유대교와 예수 가르침 사이의 본질적인 차이는 무엇일까? 유대교는 유대민족만이 하나님으로부터 선택된 민족이라는 집단적 에고에서 벗어나지 못했다. 반면 예수는 유대인의 집단적 에고를 넘어서, 민족이라는 협소한 개념을 넘어서 모든 사람들에게 공통된 생각과 개념 이전의 본래 마음인 참된 하나님을 만나는 길을 열어 보였다는데 그 본질적인 차이가 있다.

# 살아있는 분을 주목하라

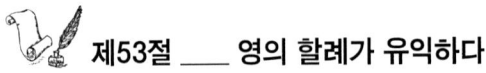

## 제53절 ___ 영의 할례가 유익하다

제자들이 예수께 물었다.

"할례가 유익합니까, 유익하지 않습니까?"


예수께서 그들에게 말씀하셨다.

"그것이 유익하다면 그들의 아버지가 아이를 잉태시킬 때

어머니 뱃속에서 이미 할례가 되어 태어나도록 하였을 것이다.

그보다는 영靈의 할례가 참으로 유익하다."

\* \* \*

할례가 유익합니까, 유익하지 않습니까?


제자들이 예수에게 묻는다. "할례가 저희들에게 유익하니까, 그렇지 않습니까?"

할례란 유대교에서 전통적으로 행하는 의식으로 남자의 경우 어릴 때 생식기 표피의 일부분을 잘라내는 것이다. 유대인들은 유대교의 전통적인 가르침에 따라 남자아이가 탄생하면 반드시 할례를 행하였다. 그들은 구약성서 창세기를 할례의식의 근거로 삼는다.

창세기에는 하나님이 이스라엘 민족과의 계약의 표시로서 이스라엘 백성의 할례를 명령하였고 이것을 어기는 사람은 계약을 깨는 사람으로 간주했다는 대목이 나오기 때문이다. 유대인인 제자들은 유대교 율법에 따라 행하는 할례가 유익한가, 유익하지 않는가에 대해 예수에게 묻고 있는 것이다.

그것이 유익하다면 그들의 아버지가 아이를 잉태시킬 때
어머니 뱃속에서 이미 할례가 되어 태어나도록 하였을 것이다.
그보다는 영靈의 할례가 참으로 유익하다.

"할례가 만일 유익하다면 어머니 뱃속에서 아이가 잉태될 때, 자연
히 알아서 이미 할례가 되어 태어나도록 하였을 것이다. 너희들은 아
무런 유익함도 없는, 형식뿐인 율법에 얽매이지 말라. 그보다는 영의
할례가 참으로 유익하다."

여기서 예수가 비유적으로 표현하고 있는 '영의 할례'란 무엇을 말
하는가? 할례란 불필요하고 거추장스러운 것을 잘라내는 의식이다.
영靈을 덮고 있는 불필요하고 거추장스러운 것은 과연 무엇인가? 그것
은 '나라는 생각', 개체의식인 에고이다. 에고는 그대로 하여금 꿈속에
서 헤매게 만들고 불안과 두려움 속에서 고통받게 하는 유령과도 같
은 허상이다.

따라서 예수는 제자들에게 이렇게 말하고 있다.

"율법에 얽매여 생식기 피부의 일부를 잘라내는 것은 아무런 유익
함이 없다. 그보다는 에고를 내려놓는 '영의 할례'가 참으로 유익하다.
왜 그런 줄 아는가? 영의 할례를 행함으로써 너희는 하늘나라에 들어
갈 수 있기 때문이다."

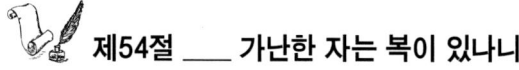

## 제54절 ___ 가난한 자는 복이 있나니

예수께서 말씀하셨다.

"가난한 자는 복이 있나니 하늘나라가 그의 것이다."

\* \* \*

가난한 자는 복이 있나니

여기서 '가난한 자'라고 하는 것은 돈이나 재물이 없는 사람을 가리키는 것이 아니다. 이 또한 마음에 관한 말씀이다. 예수는 지금 물질적인 부富의 있고 없음을 떠나서 마음에 대해 이야기하고 있다. 그렇다면 '가난한 자'는 어떤 사람을 가리키는가? 욕심이 없는 사람, 더 구체적으로 말한다면 생각이 적고 생각과 동일시가 되지 않는 사람을 가리킨다.

하늘나라가 그의 것이다.

사람들이 보통 생각하듯이 '하늘나라'란 죽어서 간다는, 하늘 저 위에 있을 것으로 추측되는 그런 나라가 아니다. 고요함과 지복이 넘치는 내면의 왕국을, 평온한 마음의 상태를 가리킨다. 참나를 깨달은 사람들의 의식상태가 바로 하늘나라이다.

예수는 말한다.

"생각과의 동일시가 없어 욕심이 없는 사람은 행복한 사람이다. 그는 머지않아 아버지를, 참나를 깨달아 하늘나라에 있게 될 것이기 때문이다."

하늘나라가 저 공중에 있다면 그대보다 새들이 먼저 갈 것이요, 바닷속에 있다면 그대보다 물고기들이 먼저 갈 것이다. 그러나 하늘나라는 그대 안에도, 그대 바깥에도 있다. 하늘나라는 없는 곳이 없다.

그런데 왜 그대는 하늘나라를 보지도 못하고 그곳에 가지도 못하는가? 그것은 오로지 본성을 가리고 있는 생각 때문이다. 그대가 정말로 마음이 가난하게 된다면, 생각으로부터 자유로워질 수 있다면 하늘나라는 이미 그대의 것이다.

## 제55절 ___ 십자가를 지지 않는 사람은

예수께서 말씀하셨다.
"자신의 아버지와 어머니를 미워하지 않는 사람은
나의 제자가 될 수 없다.
형제자매를 미워하지 않고
나처럼 십자가를 지지 않는 사람은
나에게 합당하지가 않다."

\* \* \*

자신의 아버지와 어머니를 미워하지 않는 사람은
나의 제자가 될 수 없다.

예수가 한 말씀이라고는 믿기지 않는 말이다. "네 이웃을 네 몸같이 사랑하라."고 가르치던 사람이 어떻게 이런 말을 할 수 있단 말인가? 예수는 왜 제자들에게 자신의 아버지와 어머니를 미워하지 않으면 자신의 제자가 될 수 없다고 말하는가? 그대의 아버지와 어머니는 그대에게 육체를 주었다. 육체는 영원할 수가 없다. 언젠가는 죽어서 벌레의 먹이가 되든지 아니면 불태워져서 다시 흙과 먼지로 돌아가야만 한다. 그러므로 그대의 부모는 그대에게 생명이 아닌 죽음을 선물한 것이다.

따라서 자신의 아버지와 어머니를 미워하라는 것은 곧 부모가 준 육체에 연연하거나 집착하지 말라는 말이다. 여기서 예수는 내면의 아버지를 발견해 하늘나라에 들어가려면, 죽음을 경험하지 않으려면 육체를 자신과 동일시해서는 안 된다는 것을 비유적으로 표현하고 있다. 그래서 예수는 "자신의 아버지와 어머니를 미워하지 않는 사람은 나의 제자가 될 수 없다."고 제자들에게 충고하고 있는 것이다.

형제자매를 미워하지 않고
나처럼 십자가를 지지 않는 사람은
나에게 합당하지가 않다.

"형제자매와 같은 혈육에 집착하거나, 아버지 나라로 들어가기 위해 나처럼 십자가를 매고 가시밭길을 걷지 않는 사람은 나의 제자로 합당하지가 않다. 나의 제자가 되기 위해서는 누구든지 육친과 혈육에 얽매이지 않고 기꺼이 고난의 길을 걸을 수 있어야만 한다. 그래야만 내면의 아버지를 발견해 영靈으로 거듭날 수가 있다."

 **제56절 ___ 세상을 알게 된 사람은**

예수께서 말씀하셨다.
"세상을 알게 된 사람은 누구든지

시체 하나를 발견한 것이고
시체 하나를 발견한 사람은
세상보다 더 값진 사람이다."

\* \* \*

세상을 알게 된 사람은 누구든지
시체 하나를 발견한 것이고

'이 세상을 알게 된 사람'은 누구를 가리키는가? 이 세상을 알게 된 사람은 이 세상이 무엇인지 알게 된 사람을 말한다. 그는 세상의 실체를 알게 된 자이다. 그는 이 세상이 꿈과 같음을, 개념으로 이루어진 환영幻影임을 발견한 자이다. 그대가 실상에 눈뜨게 되면, 아버지를 발견하게 되면 이 세상은 마음에 비추어진 그림자와 같은 것임을 깨닫게 된다. 그때 이 세상은 환영幻影에 불과함을, 생명이 없는 시체와 같은 것임을 알게 된다. 그대가 세상이 실재한다고 여길 때, 부귀와 권력, 명예를 추구하고 더 오래 살고 젊음을 유지하기 위해 집착하고 안달하게 된다. 그러나 그대가 참나를 보게 되면, 내면의 아버지를 만나게 되면 눈앞의 세상은 상대적으로 안개처럼 흐릿해진다. 이 세상이 꿈과 같음을 알게 된다. 그래서 이전처럼 그것은 집착의 대상이 되지 못한다.

그래서 예수는 말한다.

"너희가 이 세상의 실상을 알게 되면, 그것이 텅 비어 있는 환영과 같은 것임을, 생명이 빠져나간 시체와 같은 것임을 깨닫게 된다."

시체 하나를 발견한 사람은
세상보다 더 값진 사람이다.

그대가 이 세상이 꿈과 같은 것임을 발견했을 때, 이 세상이 어떻게 가치를 지닐 수 있겠는가? 그대가 한밤중에 꿈을 꾸다가 이튿날 아침에 깨어났을 때, 지난밤 꿈속 세상에 얼마나 가치를 부여할 수 있겠는가? 그대는 그것이 꿈임을 깨닫고 즉시 잊어버릴 것이다. 세상이 꿈과 같은 것임을 발견한 사람에게는 기존의 세상은 가치를 잃는다. 그는 모든 것의 근원에 올라서게 되며, 세상보다도 더 위대해진다.

　눈앞에 보이는 세상은 빛을 잃고 이전에는 알지 못했던 새로운 차원이 드러난다. 그러나 그 새로운 차원은 새롭게 생겨난 것이 아니다. 이전에도 그대는 그 속에 살고 있었지만 다만 그것이 있는 줄을 몰랐을 뿐이다. 그대가 하늘나라를, 새로운 차원을 발견하게 되면, 이전의 세상은 종말을 고하게 된다. 그렇다고 해서 눈앞에 보이는 물질 세상이 붕괴되어 종말을 맞는다는 것이 아니다. 볼 수도 없고 만질 수도 없는 실상이 밝아져서 그대의 감각을 통해 인지되는 세상은 허상임이 알게 되는 것이다.

　이 세상의 종말은 어디까지나 그대 내면에서 일어나는 드라마이다. 눈앞에 보이는 세상이 끝이 난다는 이야기가 아니다. 그대가 실재한다고 착각했던 환영의 세상이 끝난다는 말이다. 이를 경험한 사람들이 비유적으로 그것을 '세상의 종말'이라고 표현했을 뿐이다. 아버지의 나라가 펼쳐지게 되면 다만 그대가 지어낸 개념의 세상이, 꿈의 세계가 종말을 맞게 된다. 그러니 한갓 시체일 뿐인 이 세상의 종말을 두려워하지 말라. 오히려 이 세상의 종말을 두 손을 들고 환영하고 반겨라. 환영의 세계가, 꿈의 세계가, 개념의 세계가 종말을 맞을 때, 그대는 비로소 거듭나게 된다. 부활의 새 아침을 맞이하게 된다. 그리하여 그대는 죽음을 경험하지 않게 될 것이다.

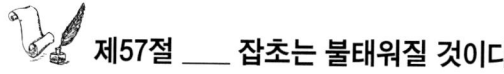

## 제57절 ___ 잡초는 불태워질 것이다

예수께서 말씀하셨다.

"아버지의 나라는 좋은 씨앗을 가진 사람과 같다.

밤중에 그의 적이 와서 좋은 씨앗들 사이에 잡초 씨앗을 뿌렸다.

그 사람은 일꾼들에게 잡초를 뽑지 말라고 하면서 말했다.

'너희가 잡초를 뽑으려다 잡초 사이의 밀을 뽑게 될까 염려된다.'

그렇지만 추수 때면 잡초는 쉽게 눈에 띨 것이며

잡초는 뽑혀 불태워질 것이다."

\* \* \*

예수는 제자들에게 비유를 통해 들려준 이 이야기를 통해 무엇을 말하고자 하는가?

그는 다만 농사꾼이 밭에서 잡초를 제거하는 방법을 알려주고 있는 것인가? 아니다. 〈도마복음〉에서 예수가 일관되게 이야기하고 있는 주제는 '마음'이다. 그럼, 예수의 비유 속으로 들어가 보자.

아버지의 나라는 좋은 씨앗을 가진 사람과 같다.

여기서 '아버지의 나라'는 무엇을 가리킬까? 앞에서도 되풀이해서 반복되지만 '아버지의 나라'와 '좋은 씨앗을 가진 사람'은 생각 이전의 본래 마음을 가리킨다.

밤중에 그의 적이 와서 좋은 씨앗들 사이에 잡초 씨앗을 뿌렸다.

여기서 '잡초 씨앗'은 무엇을 가리킬까? 텅 빈 본래 마음자리에서 끊임없이 돋아나는 잡초는 무엇을 비유적으로 말하는가? 그것은 '생각'이다. 그러면 밤중에 잡초 씨앗을, 생각의 씨앗을 뿌린 적은 누구이겠는가? 밤중은 그대의 무지無知를 상징하고, 잡초 씨앗을 뿌린 적은 에고를 가리킨다. 깨닫지 못한 생각의 근원은 에고다. 에고를 중심으로 가지가지 생각들이 꼬리를 물고 일어나기 때문이다.

예수는 비유를 통해 이렇게 말하고 있다.

"무지 속에서 생겨난 에고가 본래 마음의 밭에 생각의 씨앗을 뿌렸다."

그 사람은 일꾼들에게 잡초를 뽑지 말라고 하면서 말했다.
'너희가 잡초를 뽑으려다 잡초 사이의 밀을 뽑게 될까 염려된다.'

예수는 제자들에게 말한다.

"잡초를 없애려고 하지 말라. 잡초는 뽑아도 다시 또 돋아나는 것이기 때문이다. 그냥 그대로 두라!

생각을 없애려고 하지 말라. 생각은 없애려고 하면 할수록 더욱 치성하게 일어나기 때문이다. 생각은 없애려고 해서 없앨 수 있는 것이 아니다. 생각은 그냥 그대로 두라!"

그렇지만 추수 때면 잡초는 쉽게 눈에 띌 것이며
잡초는 뽑혀 불태워질 것이다.

여기서 '추수'란 마음 밭을 수확하는 시기, 다시 말하면 본래 마음을 깨닫는 것을 비유적으로 가리키고 있다.

"어차피 너희가 본래 마음을, 아버지의 나라를 깨치게 되면 생각은 확연히 드러날 것이다. 그때는 구태여 생각을 없애려 하지 않아도 생각은 힘을 잃게 된다. 생각은 잡초처럼 뽑히어 불태워질 것이다."

예수는 이 단순한 비유를 통해 마음의 비밀을, 깨달음의 신묘한 메커니즘을 은유적으로 제자들에게 전해주고 있다.

## 제58절 ___ 생명을 발견한 자여

예수께서 말씀하셨다.
"복되도다! 고통을 겪고 생명을 발견한 자여."

\* \* \*

복되도다! 고통을 겪고 생명을 발견한 자여

평범하고 일상적 의식으로는 생명을, 본성을 발견하기란 쉽지 않다. 현재의 상태에 만족하지 못하고 더 나은 길을 모색하는 과정이 있어야만 생명을 발견할 수 있기 때문이다. 그러므로 그대가 만일 주어진 현실생활에 만족하고 거기서 머무르려 한다면, 그대는 결코 영원한 생명을 발견해 거듭날 수 없을 것이다. 고통은 그대로 하여금 현실에 만족하는 평범한 의식 상태에서 벗어나게 하는 계기가 된다. 고통이 있어야만 그대가 당면한 것을 넘어선 어떤 것을 갈구하고 찾게 되기 때문이다.

구도求道의 길을 나서는 대부분 사람은 예기치 않게 주어진 삶의 궤도에서 벗어나게 하는 계기를 만나게 된다. 뜻하지 않게 사랑하는 가족이나 연인이 죽거나 실직이나 도산, 아니면 암 등의 중병과 같은 복병을 만난 것이 동기가 되어 주어진 삶을 다시 되돌아보게 된다. 대부분 사람은 실재한다고 믿고 있던 일상의 세계가 반드시 한번은 금이 가거나 무너져야만 비로소 그것을 넘어선 것을 찾아 나선다. 그래서 마음공부에 있어서 고통은 더할 나위 없이 훌륭한 약이 된다.

그대는 고통이 어디서 오는 줄 아는가? 그대가 맞닥뜨리는 외부적 삶의 상황이 고통의 진짜 원인이 아니다. 고통은 그대 자신이 스스로 만드는 것이다. 그대가 느끼는 고통의 진정한 원인은 삶의 상황에 대한 그대의 해석과 생각이다. 구체적으로는 에고가 고통을 만든다. 고통을 창조하는 것도 에고이며, 그 고통에서 벗어나고자 구도의 길을 찾아 나서는 장본인도 바로 에고이다. 어렵고도 험한 구도의 여정의 끝에서 마침내 에고의 실체를 봄으로써 그대는 에고가 허상임을 깨닫게 된다.

에고가 사라진 그 자리가 바로 영원한 생명이요 참나이다. 에고는 실재하지 않는다. 다만 그대는 유령과도 같은 에고에 사로잡혀 악몽을 꾸고 있었을 뿐이다. 그대가 지금 고통스럽다고 느낀다면, 그것을 진정으로 고마워하고 흔쾌히 받아들여라. 그 고통은 그대로 하여금 참 생명을 발견케 하여 죽음을 넘어서게 하는 스승이기 때문이다.

### 제59절 ___ 살아있는 분을 주목하라

예수께서 말씀하셨다.

"너희가 살아있는 동안 살아있는 분을 주목하라.

너희가 죽어서 그분을 보려고 해도

볼 수 없게 되지 않도록 하라."

\* \* \*

짧은 말씀이지만 그 안에 깊은 뜻이 담겨있다. 그 속으로 들어가 보자.

너희가 살아있는 동안 살아있는 분을 주목하라.

여기서 예수가 말하는 '살아계신 분'은 누구, 또는 무엇을 가리키는 가? 이 문제를 풀지 못하면, 그대는 이 구절을 제대로 소화할 수 없다. 예수는 그대에게 묻고 있다. 그대를 살아있게 하는 근원적인 원인 제 공자는 누구인가? 그대가 스스로 존재함을 알게 하는 그분은 누구인 가? 그분이 곧 '살아계신 분'이요 생명이며 아버지이다. 그분을 주목하 는 것이, 그를 아는 것이 곧 그대 자신을 아는 것이다.

예수가 〈도마복음〉에서 사용하는 비유에 따르면, 그분은 '아버지' 요 그대는 '아들'이기 때문이다. 동시에 그분은 온 세상을, 그리고 스 스로를 비추는 빛이기도 하다. 그분은 누구인가? 그분은 전체 생명이 다. 생명은 자신의 빛으로, 알아차림으로 온 세상을 비추는 동시에 스 스로 존재함을 안다. 다시 말하면, 그대가 살아계신 분을 바라보라는 말은 곧 진정한 그대 자신이 누구인지 알라는 말이다. 그대는 전체 생 명의 나타남이요 표현임을 스스로 깨달으라는 말이다. 그런데 예수는 왜 그대가 '살아있는 동안'에 참나를 알라고 말하고 있는가?

너희가 죽어서 그분을 보려고 해도
볼 수 없게 되는 일이 일어나지 않도록.

이 말씀은 곧 그대가 죽으면 그분을 보려고 해도 볼 수 없게 된다는 말이다. 즉, 목숨이 끊어지면 깨닫고 싶어도 깨달을 수 없게 된다는 것이다. 그래서 예수는 그대가 살아있을 때, 그분을 보라고, 그분을 발견하라고 재촉하고 있는 것이다. 몸이 없으면 그대는 참나를 깨달을 수가 없다. 따라서 그대가 사람의 몸을 받아서 태어났다는 것은 그대가 바로 전체 생명임을, 아버지임을 깨달을 수 있는 절호의 기회이다. 예수는 이 좋은 기회를 부디 놓치지 말라고 그대에게 당부하고 있는 것이다.

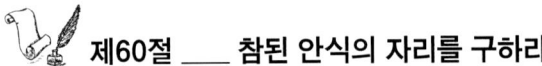

## 제60절 ___ 참된 안식의 자리를 구하라

예수와 제자들이 한 사마리아인이 어린 양 한 마리를 끌고
유대 땅으로 가고 있는 것을 보았다.


예수께서 제자들에게 물었다.
"저 사람은 왜 어린 양을 끌고 가는가?"


제자들이 예수께 말했다.
"그가 양을 죽여서 먹기 위함입니다."


예수께서 그들에게 말씀하셨다.
"그는 저 양이 살아있는 동안에는 먹지 못할 것이다.
오직 그가 양을 죽여서 시체가 된 후에만 먹을 것이다."

제자들이 말했다.

"그렇지 않으면 다른 방법이 없을 것입니다."


예수께서 그들에게 말씀하셨다.

"그렇다면 너희들 또한 그러하다.

너희들 스스로 참된 안식의 자리를 구하라.

그렇지 않으면 너희도 시체가 되어 먹힐 것이다."

* * *


    예수와 그의 제자들이 어린 양 한 마리를 끌고 유대 땅으로 가고 있는 한 사마리아인을 보았다.


예수께서 제자들에게 물었다.

"저 사람은 왜 어린 양을 끌고 가는가?"


제자들이 예수께 말했다.

"그가 양을 죽여서 먹기 위함입니다."


예수께서 그들에게 말씀하셨다.

"그는 저 양이 살아있는 동안에는 먹지 못할 것이다.

오직 그가 양을 죽여서 시체가 된 후에만 먹을 것이다."


제자들이 말했다.

"그렇지 않으면 먹을 수가 없을 것입니다."

예수는 그것을 제자들을 위한 살아있는 가르침의 소재로 삼기로 마음먹은 뒤 속내를 감추고 제자들에게 묻는다. "저 사람은 왜 어린 양을 끌고 가는가?" 제자들이 대답한다. "양을 죽여서 먹기 위해서입니다."

예수는 제자들의 대답을 듣고 말머리를 돌린다.

"그는 양이 살아있는 동안에는 먹지 못할 것이다. 오직 양을 죽여서 시체가 된 후에만 먹을 것이다."

예수의 이 말에 제자들도 동의한다.

"그렇지 않으면 먹을 수가 없을 것입니다."

예수의 이 말은 무엇을 뜻하는가? 살아있는 생명은 먹히지 않는다는 말이다. 다시 말하면 참 생명은 죽지 않는다는 뜻이다. 오직 생명이 떠나버린 시체만 먹힌다는 것이다.

> 예수께서 그들에게 말씀하셨다.
> "그렇다면 너희들 또한 그러하다.
> 너희들 스스로 참된 안식의 자리를 구하라.
> 그렇지 않으면 너희도 시체가 되어 먹힐 것이다."

제자들의 말을 듣고 마침내 예수는 자신이 말하고자 하는 속내를 제자들에게 드러낸다.

"그렇다면 너희들 또한 저 어린 양과 마찬가지이다. 너희들은 내면에서 영원한 생명이자 참된 안식의 자리이기도 한 하늘나라를 찾아라. 너희가 만일 참된 안식의 자리를 찾게 되면, 영원한 생명을 발견하기 때문에 시체가 되어 먹히지 않게 될 것이다.

너희가 참된 안식의 자리를 찾지 못하면, 너희들 또한 저 어린 양처럼 죽임을 당하여 시체가 되어 구더기와 벌레들에게 먹힐 것이다."

만일 그대가 영원히 쉴 수 있는 참 생명인 참나를 알지 못한다면, 그리하여 참된 안식을 얻지 못하면 한갓 고깃덩어리로 살다가 끝내는 시체가 되어 들쥐와 벌레들에게 먹히고 말 것이다. 그러나 그대가 만일 참된 안식의 자리를 발견한다면, 영원한 생명을 누리게 될 것이다.

## 제61절 ___ 한 사람은 죽고 한 사람은 살 것이다

예수께서 말씀하셨다.

"두 사람이 한 침대에서 쉬고 있는데

한 사람은 죽고 한 사람은 살 것이다."

살로메가 말했다.

"선생님, 당신은 누구십니까?

누구로부터 왔기에 저의 침상에 올라와

저의 식탁에서 식사를 하셨습니까?"

예수께서 그녀에게 말씀하셨다.

"나는 나누어지지 않은 분으로부터 온 사람이다.

나에게 내 아버지 것들의 일부가 주어졌노라."

"저는 당신의 제자입니다."

"그러므로 나는 말한다.

만일 사람이 완전하다면 그는 빛으로 가득 채워질 것이다.

그러나 그가 나눠진다면 그는 어둠으로 채워질 것이다."

\* \* \*

이 대화는 〈도마복음〉 속 예수의 여타 말씀과는 달리 예수와 여제자인 살로메와의 독대 형식의 대화로 되어있다. 예수는 여기서 살로메에게 내밀하게 자신의 진정한 정체를 밝히고 말씀의 속뜻을 전해주고 있다. 그러나 그대가 만일 이 말씀의 표면적인 의미만 좇아간다면 예수가 전하는 비밀의 말씀을 꿰뚫지 못할 것이다.

예수가 살로메에게 말한다.

두 사람이 한 침대에서 쉬고 있는데

한 사람은 죽고 한 사람은 살 것이다.

그대는 이렇게 생각할 것이다.

"두 사람이 같은 침대에서 자다가 한 사람은 죽고 다른 한 사람은 살아남는다는 말인가?"

그러나 예수의 이 말씀은 어떤 특정한 개인에 대한 이야기가 아니다. 보편적 마음에 대한 비유이다. 여기서의 '침대'는 앞 절에 나온 '집'과 마찬가지로 마음을 상징한다.

한 침대에서 두 사람이 쉬고 있다는 말은 하나의 마음이 생각으로 인해 둘로 나뉘어 있다는 말이다. 그런데 한 사람은 죽고 다른 한 사람은 살 것이다. 죽는 자는 누구이고, 살아남는 자는 또 누구인가?

죽는 자는 에고이고, 살아남는 자는 참나이다. 에고는 실재하지 않는 환영이기 때문이다.

> 선생님, 당신은 누구십니까?

살로메가 예수에게 묻는다.

"당신은 누구십니까? 이런 말씀을 하시는 당신의 정체는 정녕 무엇입니까?"

> 누구로부터 왔기에 저의 침상에 올라와
>
> 저의 식탁에서 식사를 하셨습니까?

예수 당시 유대 지역에서는 식사를 할 때 긴 의자에 비스듬히 누워 식사하는 풍습이 있었다. 살로메는 자기 침상에 올라와 비스듬히 누운 자세로 식사를 하고 있는 예수를 향해 이렇게 묻는다.

"선생님, 당신은 정녕 누구십니까? 누구로부터 왔기에, 누가 당신을 보내셨기에 내 침상에서 걸터앉아 내 식탁에서 식사를 합니까?"

다른 제자들과 마찬가지로 살로메 또한 예수의 진정한 정체에 대해 묻고 있다.

> 나는 나누어지지 않은 분으로부터 온 사람이다.
>
> 나에게 내 아버지 것들의 일부가 주어졌노라

예수가 그녀에게 응답한다.

"나는 나누어지지 않는 전체 생명인 아버지로부터 온 영靈이다. 내
게는 아버지 생명의 일부가 주어졌노라. 나는 모든 것들 속에 생명으
로 깃들 수 있는 권리를 부여받았다. 생명으로서의 나는 없는 곳이 없
으며, 하지 못하는 일이 없다."

저는 당신의 제자입니다.

"선생님, 저는 당신의 제자입니다. 이제 저 또한 영임을 알았습니다.
앞으로 어떻게 처신해야만 하며, 어떻게 살아가야만 할지 부디 일러주
십시오."

그러므로 나는 말한다.
만일 사람이 완전하다면 그는 빛으로 가득 채워질 것이다.

예수가 대답한다.
"그대 또한 나눠지지 않는 전체 생명이다. 전체로부터 분리된 에고
는 진정한 그대가 아니다. 만일 그대가 그대 자신이 전체 생명인 영임
을 깨닫는다면, 그대는 자각의 빛으로 가득 찰 것이다."

그러나 그가 나눠진다면 그는 어둠으로 채워질 것이다.

예수는 이어서 말한다.
"하지만 그대가 '나'라는 생각과 동일시되어 전체 생명에서 분리된
개아 의식인 에고로 산다면, 그대는 생명에 대한, 영에 대한 무지로

가득 채워질 것이다."

여기서 '나누어진다'는 것은 무엇을 의미하는가? 전체인 '하나'에서 나누어져서 '둘'이나 '여럿'이 된다는 것이다. 그것은 곧 전체인 절대에서 상대성으로 나누어진다는 것을 뜻한다. 무엇이 절대인 순수의식을, 영을 상대성의 세계로 나뉘게 하는가? 그것은 생각이다. 그대가 생각과 동일시될 때, 그대는 전체에서 나뉘어서 에고가 된다. 그러면 그대는 어둠으로, 무명으로, 영에 대한 무지로 가득 차게 될 것이라고 예수는 말한다.

## 제62절 ___ 나의 비밀은

예수께서 말씀하셨다.
"나는 나의 비밀을 알만한 자격이 있는 사람에게만
나의 비밀을 말한다.
너희 오른손이 하는 일을 왼손이 알지 못하게 하라."

\* \* \*

나는 나의 비밀을 알만한 자격이 있는 사람에게만
나의 비밀을 말한다.
너희 오른손이 하는 일을 왼손이 알지 못하게 하라.

예수는 같은 제자라 하더라도 아무에게나 자신의 비밀 가르침을 전수해주지 않았다. 이는 13절의 내용을 보더라도 도마만 예수의 비밀 가르침을 제대로 깨달았고 나머지 제자들은 무지했다는 것을 알 수가 있다. 예수의 가르침은 생각 이전의 본성을 깨닫게 하는 것이기 때문에 그때나 지금이나 모든 사람들이 쉽게 소화할 수 있는 성격의 것이 아니었다.

받아들일 준비가 제대로 되지 않은 사람들에게 진리를 말해주어도 그들은 그것을 제대로 이해하지 못할 뿐만 아니라 왜곡하거나 곡해해서 사람들을 엉뚱한 방향으로 인도하고 웃음거리로 만들기가 십상이기 때문이다. 예수의 이 같은 우려는 지난 서구의 역사에서 기독교를 통해 현실로 나타났고 그로 인해 십자군 전쟁과 종교재판, 마녀사냥 등과 같은 숱한 부작용을 야기한 것이 사실이다.

그래서 〈도마복음〉 93절에서 예수는 "거룩한 것을 개에게 주지 말라. 개들이 그것을 거름더미 위로 던져버릴 것이다. 진주를 돼지에게 던져주지 말라. 돼지들이 그것을 발로 짓밟고 말 것이다."라고 비유적으로 말하고 있다. 여기서 '거룩한 것'과 '진주'는 물론 아버지, 즉 '진리'를 가리킨다.

너희 오른손이 하는 일을 왼손이 알지 못하게 하라.

"이 가르침, 진리는 모든 사람들이 쉽게 이해하고 소화할 수 있는 성격의 것이 아니다. 그러므로 너희는 오른손이 하는 일을 왼손이 알지 못하게 하듯이, 아버지 나라를 발견하는 이 가르침을 받아들일 준비와 자격이 갖추어진 사람에게만 은밀하게 전하라."

## 제63절 ___ 허무한 죽음

예수께서 말씀하셨다.

"많은 돈을 가진 부자가 있었다.

그가 말했다.

'나는 돈으로 씨앗을 사서 뿌리고 거두리라.

내 수확물로 창고를 가득 채우리라.

그 결과 내게는 아무 부족함이 없으리라.'

그는 이렇게 생각했다.

그러나 그날 밤 그는 죽고 말았다.

귀 있는 자는 들으라."

\* \* \*

많은 돈을 가진 부자가 있었다.

그가 말했다.

'나는 돈으로 씨앗을 사서 뿌리고 거두리라.

내 수확물로 창고를 가득 채우리라.

그 결과 내게는 아무 부족함이 없을 것이다.'

그는 이렇게 생각했다.


예수가 들려주는 이 짧은 우화는 다른 사람에 대한 이야기가 아니다. 그의 제자들은 물론 그대를 비롯한 모든 사람들이 살아가고 있는 삶의 방식에 관한 이야기다. 그러므로 이야기 속에 나오는 부유한 농부는 다른 사람이 아니라, 바로 그대이다. 이 농부는 가난한 사람이 아니다. 많은 돈을 소유한 부자이다. 그러나 그는 현실에 결코 만족하지 못한다. 미래를 위해 더 많은 돈을 벌고 더 많은 수확물로 저장고를 가득 채우려고 한다.

그대는 지금 현재의 상태로는 만족하지 못한다. 항상 무언가 모자라고 부족함을 느낀다. 마음은 지금 여기에 머물지 못하고 항상 미래에 가 있기 때문이다. 언제나 닥쳐올 미래에 대한 대비가 충분하지 못하다고 여기기 때문이다. 그래서 닥쳐올 위험이나 결핍으로부터 안전을 보장받기 위해 더 많은 수확물을 얻거나 더 큰돈을 벌려고 항상 무엇인가를 계획한다.

말씀 속의 농부는 돈으로 씨앗을 사서 밭에 뿌리고 키워서 더 많은 수확물을 거두어서 창고에 보관하면 미래가 든든하게 보장된다고 생각한다. 설사 풍년이 들어 그가 계획한 농사일이 잘 마무리되었다 하더라도 농부는 편히 쉴 수가 없다. 그는 지금 이 순간에 머물지 못하고 언제나 미래에 살고 있기 때문이다.

그러나 그날 밤 그는 죽고 말았다.
귀 있는 자는 들으라.

그러나 수확물로 창고를 가득 채울 꿈에 부풀어있던 농부는 그날 밤 느닷없이 급사하고 말았다. 농부는 자신이 그렇게 갑작스럽게 죽으리라고는 전혀 예상하지 못한 채 돈벌이에만 혈안이 되어 있었던 것이다.

죽음은 언제나 그대 곁에 있다. 출생 때부터 죽음을 향한 카운드다운이 계속되고 있지만, 그대는 그것을 애써 외면한다. 쉼 없이 반복되고 있는 호흡이 멎는 순간, 숨을 내쉬고 난 뒤 들이쉬지 못하면 그것이 죽음이다. 언제 어떻게 죽음이 찾아올지 아무도 예상하지 못한다.

그렇지만 그대는 죽음은 언제나 자신에게는 먼 미래의 일로만 치부한다. 그래서 그대는 언제나 돈벌이에만 몰두하지 참 자아를 발견하는 일에는 도무지 관심이 없다. 그러다 어느 날 느닷없이 죽음을 맞게 된다. 그대가 죽은 뒤엔 그토록 혈안이 되어서 모은 재산이, 가득 찬 창고가 무슨 소용이 있는가?

그런데도 그대는 그토록 하찮은 것들을 끌어 모으는데 주어진 귀중한 시간을 낭비하고 있다. 그대는 삶이 진정 무엇인지 알지 못한 채 꿈만 꾸다가 죽음을 맞이할게 될 것이다. 그대는 살면서 삶을 돌아보지 않다가 죽음을 맞이하는 순간 비로소 지나온 생을 되돌아보게 된다. 죽음을 마주하고서 그대는 이렇게 한탄할 것이다.

"나의 삶은 이제 끝이 나고 있다. 돌아보니 이제껏 어떤 의미 있는 일도 하지 못했다. 나는 지금까지 기계처럼 무의식적으로 그저 돈만 추구하면서 살았다. 나는 몽유병자처럼, 백일몽을 꾸는 사람처럼 살았다. 이제 후회해도 너무 때가 늦었구나!"

## 제64절 ___ 만찬에의 초대

예수께서 말씀하셨다.
"어떤 사람이 손님을 초대하였다.
그는 저녁 만찬을 차린 뒤
손님들을 초청하기 위해 하인을 보냈다.

하인은 첫 번째 손님에게로 가서 말했다.

'나의 주인이 당신을 초대했습니다.'

그가 말했다.

'나는 몇몇 상인들에게 청구할 것이 있다.

저녁에 그들이 오면

내가 가서 그들에게 지시할 것이 있네.

만찬에서 나를 제외시켜 달라고 전하게.'


하인은 다음 손님에게 가서 말했다.

'나의 주인이 당신을 초대했습니다.'


손님이 하인에게 말했다.

'나는 집 한 채를 샀는데 그것 때문에 하루 종일 바쁘다.

시간을 낼 수 없을 것 같네.'


하인은 또 다른 손님에게로 가서 말했다.

'나의 주인이 당신을 초대했습니다.'


그가 하인에게 말했다.

'내 친구가 결혼을 하기 때문에 나는 결혼식 준비를 해야만 하네.

나는 갈 수가 없네.

나를 만찬에서 제외시켜 달라고 전하게.'


하인은 또 다른 손님에게로 가서 말했다.

'나의 주인이 당신을 초대했습니다.'

손님이 하인에게 말했다.

'나는 농장을 하나 샀는데 소작료를 받으러 가야만 하네.

나는 갈 수 없다네.

나를 제외시켜 달라고 전하게.'


하인은 돌아와서 주인에게 말했다.

'주인님이 만찬에 초대한 사람들 모두가

자신들을 제외시켜 달라고 청했습니다.'

주인이 하인에게 말했다.

'거리로 나가서 네가 만나는 사람들을 데리고 오라.

그들이 저녁 식사를 할 수 있도록.

장사꾼과 상인들은 내 아버지의 집에 들어가지 못할 것이다.'"

\* \* \*


예수가 들려주고 있는 이 우화는 아름답다. 이 우화가 가리키고 있는 바는 시대를 초월해 있다. 이 이야기는 2천 년 전의 예수가 비단 그의 제자들에게만 들려준 것이 아니다. 지금 바로 그대에게 들려주고 있는 이야기이다.

귀 있는 자는 들으라. 그대의 고정관념과 알음알이를 한쪽으로 치워두고 열린 귀로 들어라. 그러면 그대 또한 초대받은 만찬에 참석해 영원히 배고프지 않는 빵을 먹고 영원히 목마르지 않는 감로수를 마시게 되리라.


어떤 사람이 손님을 초대하였다.

여기서의 '어떤 사람', 즉 손님을 초청한 '주인'은 특정한 사람을 지칭하는 것이 아니다. '아버지'인 본성을, 본래 마음을 가리키고 있다. 그리고 '손님'은 다른 누군가가 아니다. 바로 이 글을 읽고 있는 그대를 비롯한 모든 사람들이다.

> 그는 저녁 만찬을 차린 뒤
> 손님들을 초청하기 위해 하인을 보냈다.

그러면 여기서 말하는 '만찬'은 무엇을 비유하는 것일까? 저녁 식사는 어디서나 혼자서 하는 법은 드물다. 가족들이나 가까운 친지, 혹은 지인들이 함께 모여 즐겁게 담소하면서 함께 음식을 즐긴다. 만찬은 가족들과 지인들이 함께 모여 정겨운 이야기를 나누면서 음식을 함께 나누는 자리다. 음식은 무엇인가? 우리 몸을 이루는 요소이자, 생명 에너지를 발생시키는 원천이다. 따라서 여기서의 만찬은 생명을 함께 나누는 자리, 즉 그대가 하나님을, 본성을 만나는 자리를 은유적으로 표현하고 있다. 레오나르도 다빈치의 유명한 그림 '최후의 만찬'을 떠올리며 만찬의 상징적 의미를 되새겨보라.

그대는 하나님인 본성을 떠나서 불안과 두려움 속에서 길 잃은 나그네인 에고로서의 삶을 살고 있다. 그러나 하나님은 그대를 안타깝게 여겨 기회 있을 때마다 그대에게 불안과 두려움이 없는 자신에게로 돌아오라는 신호를 보내고 있다. 여기서 '하인'은 하나님이 자신에게로, 집으로 돌아오라고 그대에게 보내는 신호이다. 그 신호는 대개 삶에서 뜻하지 않는 어떤 사람과의 만남이나 예기치 않게 부딪히게 되는 일련의 사건들을 통해 그대에게 전달된다. 본성은 언제나 그대에게, 그리고 모든 사람들에게 이제는 번뇌와 고통을 가져다주는 망상 속을 더이상 헤매지 말고 자신의 품으로 돌아오라는 초대를 보내고 있다.

하인은 첫 번째 손님에게로 가서 말했다.
'나의 주인이 당신을 초대했습니다.'
그가 말했다.
'나는 몇몇 상인들에게 청구할 것이 있다.
저녁에 그들이 오면
내가 가서 그들에게 지시할 것이 있네.
만찬에서 나를 제외시켜 달라고 전하게.'

첫 번째 손님도 하나님으로부터 만찬에 참석하라는 초대를 받았다. 하지만 그는 직업이 장사꾼이다. 그래서 그는 항상 사업과 계산으로 바쁘고 분주하다. 그는 지금 여기에 있을 수가 없다. 그는 언제나 생각 속의 '미래'에 살고 있다. 장사꾼이 추구하는 이익과 이윤은 지금 여기가 아닌, 언제나 미래에 있기 때문이다.

그는 거래처 상인들로부터 돈 받을 일이 있고 저녁에 그들이 찾아오면 그들에게 청구서를 주어야만 하기 때문에 만찬에 참석할 수 없다고 응답한다. 장사꾼에게는 무엇보다도 돈과 이윤이 우선이다. 그래서 영원한 생명을 얻을 수 있는 아버지 나라로, 본향으로 돌아오라는 초대장을 받더라도 그는 그것을 외면하고 만다.

하인은 다음 손님에게 가서 말했다.
'나의 주인이 당신을 초대했습니다.'

손님이 하인에게 말했다.
'나는 집 한 채를 샀는데 그것 때문에 하루 종일 바쁘다.
시간을 낼 수 없을 것 같네.'

두 번째 손님 또한 하나님으로부터 만찬에 초대를 받았다. 그 역시도 집 장사를 하느라고 만찬에 참석할 겨를이 없다. 그래서 그는 초대에 이렇게 응답한다.

"나는 집을 한 채 샀다. 잔금도 치르고 등기도 해야만 한다. 그리고 집수리를 한 뒤 다시 이윤을 남기고 집을 되팔 궁리도 해야만 한다. 그러니 바빠서 만찬에 참석할 수가 없다."

하인은 또 다른 손님에게로 가서 말했다.
'나의 주인이 당신을 초대했습니다.'

그가 하인에게 말했다.
'내 친구가 결혼을 하기 때문에 나는 결혼식 준비를 해야만 하네.
나는 갈 수가 없네.
나를 만찬에서 제외시켜 달라고 전하게.'

세 번째 손님은 만찬에의 초대를 거절하는 이유가 앞의 두 경우와는 다르다. 하지만 그 또한 단지 친구의 결혼식과 같은 사소한 일 때문에 무엇보다도 소중하고 다른 무엇과도 바꿀 수 없는 참 생명을 찾는 초대를 거절하고 있다.

하인은 또 다른 손님에게로 가서 말했다.

'나의 주인이 당신을 초대했습니다.'


손님이 하인에게 말했다.

'나는 농장을 하나 샀는데 소작료를 받으러 가야만 하네.

나는 갈 수 없다네.

나를 제외시켜 달라고 전하게.'


네 번째 손님도 역시 만찬에 초대를 받았다. 농장 주인인 그도 역시도 바쁘고 할 일이 많다. 자신의 농장을 운영해 얻게 될 소득에만 골몰해 있다. 그래서 그도 모처럼 찾아온 귀한 초대를 거절하고 만다.

"농장을 사서 소작을 주었는데 오늘 저녁에는 소작인들에게 소작료를 받으러 가야만 하네. 그러니 오늘 저녁 만찬에는 참석할 수 없으니 부디 나를 제외시켜 달라고 전하게."


하인은 돌아와서 주인에게 말했다.

'주인님이 만찬에 초대한 사람들 모두가

자신들을 제외시켜 달라고 청했습니다.'


하나님은, 본래 마음은 언제나 더 이상 망상 속에서 방황하지 말고 집으로, 이제 그만 집으로 돌아오라고 초대장을 그대에게 보내고 있다. 살아가면서 "뭔가 이렇게 사는 것이 아닌데…"하는 느낌이 들 때는 본래 마음이 그대에게 집으로 돌아오라고, 만찬에 참석하라고 초대하고 있는 것이다. 그러나 그대는 언제나 이것저것 핑계를 대면서 그 초대를 외면하고 있다.

주인이 하인에게 말했다.
'거리로 나가서 네가 만나는 사람들을 데리고 오라.
그들이 저녁 식사를 할 수 있도록.
장사꾼과 상인들은 내 아버지의 집에 들어가지 못할 것이다.'

그대는 왜 만찬에의 초대를 외면하는가? 만찬에 참석하는 것은, 하나님과 만나는 것은 당장 그대에게 이익이 되지 않기 때문이다. 다른 이유는 없다. 그래서 돈과 이익을 좇는 상인과 장사꾼은 깨달음을 추구하는 이가 드물다. 무엇 때문인가? 깨달음은 현실적인 이익과 관련이 없기 때문이다. 돈과 이익을 좇는 사람들은 지금 여기에 머물지 못한다. 언제나 이익이 발생하는 어느 특정한 '미래'에 살고 있다. 다시 말하면 꿈속에 살고 있는 것이다.

그래서 예수는 말한다.

"장사꾼과 상인들은 나의 아버지의 집에, 하늘나라에 들어가지 못할 것이다."

그대가 전심전력으로 추구하던 사업이 물거품이 될 때, 친숙했던 관계가 삐걱거리기 시작할 때, 뜻하지 않게 중병에 걸려 달콤한 삶의 꿈이 악몽으로 변할 때, 비로소 그대는 다른 곳으로 눈을 돌리기 시작할 것이다. 자신도 모르게 떠나온 집을 다시 찾아서 나설 것이다. 그러나 그때는 만찬에 참석하기에는 이미 늦었을지도 모른다.

그러나 안심하라. 그대가 비록 뒤늦게 회개하고 집을 찾아서, 만찬에 참석하기 위해 나서더라도 너무 늦은 법은 없다. 하나님은 어머니가 집 나간 아들을 기다리듯 언제나 그대가 집으로 돌아오기를, 만찬에 참석해주기를 기다리고 있다.

## 제65절 ___ 포도밭 주인의 아들

예수께서 말씀하셨다.

"포도밭을 소유한 착한 사람이 있었다.

그는 포도밭을 농부들에게 소작을 주었다.

농부들은 거기서 일하고

주인은 그들로부터 소작료로 수확물을 받기 위해서였다.

그는 하인을 보내 농부들로부터 포도밭의 수확물을 받아오게 했다.

그러나 농부들은 하인을 붙잡아 거의 죽을 만큼 두들겨 팼다.

하인이 돌아와서 주인에게 있었던 일을 보고했다.

주인이 말했다.

'아마도 농부들이 그를 알아보지 못했을 것이다.'

그리고 그는 다른 하인을 보냈다.

소작인 농부들은 그 또한 마찬가지로 때렸다.

그러자 주인은 그의 아들을 보내면서 말했다.

'아마도 그들은 나의 아들은 존중할 것이다.'

농부들은 그가 포도밭을 상속받을 상속자임을 알고

그를 붙잡아 죽였다.

귀 있는 자는 들으라."

 예수는 비유적인 화법의 달인이다. 그러면 예수는 왜 설교할 때 비유를 사용하지 않으면 안 되었을까? 예수가 가리키는 아버지 나라는 말과 개념으로는 도달할 수 없는 마음자리이다. 그래서 만약 예수가 직설적인 화법으로 설교한다면 그때나 지금이나 대부분 사람은 말뜻을 좇아가서 예수가 가리키고자 하는 바를 깨닫기가 힘들다. 더욱이 그것을 아전인수 격으로 해석해서 스스로 오해할 뿐만 아니라 그들이 오해한 내용을 다른 사람들에게 잘못 전파할 수도 있었다. 그래서 예수는 이 같은 폐단을 막기 위해 공개적인 설교 자리에서는 되도록 직설적 화법을 피하고 비유를 즐겨 사용했던 것이다.

 그러나 도마와 막달라 마리아와 같이 아버지 나라에 대한 예수의 가르침을 받아들일 준비가 된 소수의 제자는 따로 불러서 비밀의 가르침을 전수하곤 했다. 예수만의 독특한 비유적인 화법은 이 같은 목적에서 비롯됐으나 후대에 기독교가 정착되는 과정에서 예수가 우려했던 바가 현실이 되어 나타나고 말았다. 그가 오해를 막기 위해 사용했던 비유적인 화법이 오히려 그의 가르침의 핵심을 곡해하는 빌미가 되었던 것이다. 그래서 예수가 펼쳤던 가르침의 본지가 기독교에 의해 2천 년 동안 땅속에 묻혀버리고 만 것이다.

> 포도밭을 소유한 착한 사람이 있었다.
> 그는 포도밭을 농부들에게 소작을 주었다.
> 농부들은 거기서 일하고 주인은 그들로부터 소작료로
> 수확물을 받기 위해서였다.

이 장은 아버지 나라에 대한 가르침이라기보다는 예수 자신의 운명에 대한 묵시적인 비전이 담겨 있다. 신약성경에 나오는 예수의 짧은 삶을 한 편의 드라마로 보면서 그의 말씀 중에 나오는 각 배역이 무엇을 상징하는지 살펴본다면 그 함의가 밝혀질 것이다.

'포도밭을 소유한 착한 사람'은 무엇을 비유한 것인가? 우리 모두의 본래 마음인 하나님이다. 그리고 '포도밭'은 아버지 나라이다. 이 둘은 사실 다른 것이 아니다. 그러면 포도밭을 소작하고 있는 농부들은 누구인가? 세상의 모든 사람들이다. 그들은 모두 하나님인 포도밭에 살고 있으며, 그것을 내면에 가지고 있고 또 그것을 경작하고 있다. 여기서 '소작을 주었다'는 말은 모든 사람들 안에 하나님이 내재해 있다는 말과 다르지 않다.

그러나 아직 아버지 나라를 발견하지 못한 농부들은 자신들이 소작하고 있는 포도밭이 다른 사람의 땅이라고 착각하고 있다. 그래서 포도밭 주인은 하인들을 보내 그 사실을 알려주려고 한다.

그는 하인을 보내 농부들로부터 포도밭의 수확물을 받아오게 했다.
그러나 농부들은 하인을 붙잡아 거의 죽을 만큼 두들겨 팼다.
하인이 돌아와서 주인에게 있었던 일을 보고했다.


주인이 말했다.
'아마도 농부들이 그를 알아보지 못했을 것이다.'
그리고 그는 다른 하인을 보냈다.
소작인 농부들은 그 또한 마찬가지로 때렸다.

여기서 포도밭 주인은 소작료로 수확물을 거두어 오게 하려고 하인을 보낸 것이 아니다. 소작료를 받아오게 하기 위해서가 아니라 자신들이 소작하고 있는 포도밭이 곧 아버지 나라임을 깨닫게 하려고 하인을 보낸 것이다. 그러므로 여기서의 하인은 단순한 심부름꾼이 아니라 하나님의 말씀을 사람들에게 전하는 선지자이다.

하지만 세상 사람들은 그의 진실한 신분을 알아보지 못하고 그가 소작료를 받으러 왔다고, 달리 말하면 자신들의 재산을 갈취하기 위해 왔다고 여기고 그를 심하게 구타하거나 감옥에 처넣어 버린다. 그리고 얼마 있지 않아서 또 다른 선지자가 왔다. 그래도 사람들은 여전히 그를 알아보지 못하고 또다시 그를 박해하고야 만다.

> 그러자 주인은 그의 아들을 보내면서 말했다.
> '아마도 그들은 나의 아들은 존중할 것이다.'
> 농부들은 그가 포도밭을 상속받을 상속자임을 알고
> 그를 붙잡아 죽였다.
> 귀 있는 자는 들으라."

그러자 포도밭 주인은 자신의 아들을 농부들에게 보내며 말한다.

"이번에는 아마 농부들도 나의 아들에게는 경의를 표할 것이다. 왜냐하면, 그들도 그가 나의 아들이자 포도밭의 상속자임을 알고 있기 때문이다."

그러나 농부들은 그가 포도밭 주인의 아들임을 알면서도 그를 붙잡아 죽이고 말았다.

여기서 '농부들'로 비유된 세상 사람들은 하나님의 말씀을 전하는,

깨달음을 전파하는 선지자에 대해 무지하다. 그들은 선지자를 알아볼 수 있는 눈이 없기 때문이다. 그뿐만 아니라, 선지자들은 세상 사람들의 에고를 건드린다. 에고를 내려놓게 해야만 그들이 하늘나라에 들어갈 수 있기 때문이다.

세상 사람들의 에고는 자신을 거스르는 선지자를 순순히 받아들이지 못한다. 에고는 위기감을 느끼고 선지자에 대해 저항하고 분노한다. 이로 인해 선지자와 예언자는 박해를 받을 수밖에 없다.

그러나 때로는 세상 사람들은 그가 하나님의 아들임을, 깨달은 사람임을 알면서도 박해를 넘어서 그를 붙잡아 죽이기까지 한다.

자기 자신을 모르는 사람은

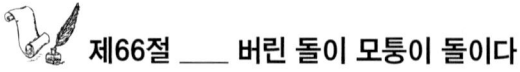

## 제66절 ___ 버린 돌이 모퉁이 돌이다

예수께서 말씀하셨다.

"집 짓는 사람들이 버린 돌을 내게 보여 달라.

그것이 모퉁이 버릿돌이다."

\* \* \*

집 짓는 사람들이 버린 돌을 내게 보여 달라.

그것이 모퉁이 버릿돌이다.


이 구절은 구약성서에서도 나온다.

"집 짓는 자들이 버린 돌이 주춧돌이 되었나니, 우리 눈에는 놀라운 일 야훼께서 하신 일이다." (시편 118:22~23)

따라서 이 절은 예수가 구약성서 시편을 인용한 것으로 보인다. 구약의 시편에서의 '집 짓는 자들'이란 어디까지나 비유적인 표현으로 세속을 주도하는 권력자들을 일컫는다. 따라서 '집 짓는 자들이 버린 돌'이란 세속적인 권력과 이권에서 소외된 사람들을 의미한다. 그런데 버려진 돌이, 권력에서 소외된 이들이 오히려 주춧돌이 된다는 것이다. 주춧돌이란 무엇인가? 집을 지을 때 기둥을 세우기 위해 기둥 밑에 받치는 돌이다. 따라서 주춧돌은 집을 떠받치는 가장 중요한 기초가 된다.

하지만 버려진 돌을 주춧돌로 삼아 짓는 집은 세속적인 집이 아니다. 그것은 세속의 집이 아니라 영靈의 집인 것이다. 예수는 구약의 시편을 인용해 이렇게 말하고 있다.

"너희가 세속적인 권력과 이권에서 소외되고 권력자들에 의해 핍박받는다 할지라도 결코 절망하거나 낙심하지 말라. 너희가 너희 안의

하늘나라를 발견하게 되면, 너희가 하늘나라를 떠받치는 주춧돌이
될 것이기 때문이다."

## 제67절 ___ 자기 자신을 모르는 사람은

예수께서 말씀하셨다.

"모든 것을 알지만 자기 자신을 모르는 사람은

아무것도 모르는 사람이다."

\* \* \*

모든 것을 알지만 자기 자신을 모르는 사람은

아무것도 모르는 사람이다.

예수의 가르침을 한마디로 요약하라면, 이렇게 말할 수 있다.

"너 자신을 알라!"

예수는 결코 그대 바깥에 절대자가 있어서 그가 그대를 구원할 것
이라고 말하지 않는다. 예수는 그대가 그대 자신을 아는 것이 구원이
라고 말한다. 모든 것을 알지만 자기 자신을 아는 데 실패한 사람은
꿈속에, 전도몽상顚倒夢想 속에 사는 사람이다. 그는 모든 것을 안다고
생각하지만, 정작 아무것도 모른다.

그대 또한 많은 것을 안다고 스스로 자부하고 있다. 하지만 그대는 많은
것을 알되 오직 자기 자신은 모른다. 그래서 그대는 완전히 결핍된 사람이
다. 그대는 무엇이 실재이고 무엇이 환상인지를 분간하지 못한다.

모든 것을 알더라도 자기 자신을 모르면, 곧 아무것도 모르는 것이

다. 그대가 모든 것을 비추는 빛이기 때문이다. 그대가 모든 것이다. 그대 이외의 다른 것은 없다. 진정한 그대 자신을 아는 것이 하나님을 아는 것이고, 그것이 곧 구원이다.

## 제68절 ___ 박해받는 사람은 행복하다

예수께서 말씀하셨다.
"미움받고 박해받는 사람은 행복하다.
너희가 박해받는 곳에서
그들은 아무 장소도 발견하지 못하리라."

\* \* \*

미움받고 박해받는 사람은 행복하다.

예수는 제자들에게 말한다.

"너희가 권세 있는 자들이나 핍박하는 자들로부터 미움 받고 박해받더라도 노하거나 그들을 미워하지 말라. 너희가 겪는 시련은 오히려 너희에게 복이 될 것이다. 너희는 미움과 박해를 통해 아버지 나라를 발견할 수 있기 때문이다."

핍박과 박해는 그대를 담금질하여 아버지 나라를 발견하게 하려는 시련이라고 보라. 따라서 비록 그대가 어떤 이들로부터 아무런 이유 없이 미움받고 박해를 당하더라도 그들에 대해 적개심을 갖기보다는 그들을 긍휼히 여겨라. 아버지 안에서는 그들은 그대와 다르지 않기 때문이다. 그들은 아직 아버지를 볼 수 있는 눈이 열리지 않아서 자신들과 그대가 다르지 않음을 보지 못할 뿐이기 때문이다. 누군가가 그대의 오른뺨을 친다면, 그에게 왼뺨을 내밀어라. 진정 그대가 그렇게 할 수 있다면, 그러면 그대는 머지않아 아버지 나라를 발견할 것이다.

너희가 박해받는 곳에서
그들은 아무런 장소도 발견하지 못하리라.

"너희는 박해받는 곳에서 아버지 나라를, 안식의 자리를 발견할 것이지만 박해하는 자들은 그들이 쉴 수 있는 어떤 장소도 발견하지 못할 것이다."

아무런 이유 없이 박해받을 때, 박해하는 자들을 미워하지 않기란 쉽지 않은 일이다. 그러나 이때 그들을 미워하지 않을 수 있다면, 그대는 박해하는 그들 또한 같은 아버지 안에 있음을 볼 수 있을 것이다.

타인이 그대에게 행한 박해와 잘못을, 죄를 사하여 주는 것이 용서가 아니다. 죄는 자신이 타인과 분리되었다는 어리석은 생각에 불과하다. 진정한 용서란 박해하는 자들과 그대가 다르지 않음을, 그들 또한 같은 아버지 안에 있음을 깨닫는 것이다. 따라서 진정한 용서 안에서는 죄는 성립되지 않는다. 그러므로 그대는 다른 사람을 용서할 수가 없다. 용서 안에서 그대는 타인과 분리되지 않기 때문이다.

미움받고 박해받는 자는 행복하도다! 그는 머지않아 아버지 나라를 발견할 것이다.

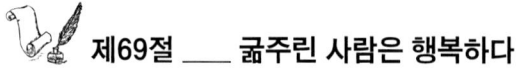

## 제69절 ___ 굶주린 사람은 행복하다

예수께서 말씀하셨다.

"자신 안에서 박해받는 사람은 행복하다.

그들은 진실로 아버지를 알게 될 것이다.

굶주린 사람은 행복하다.

원하는 사람마다 굶주린 배가 채워질 것이기 때문이다."

\* \* \*

이 절에서 예수는 진리를 찾아가는 여정에 대해 제자들에게 말하고 있다. 누가, 어떤 과정을 통해서 아버지를, 다시 말하면 진리를 깨닫게 되는가?

'자신 안에서'라는 구절을 주목하라. 그대가 '자신'을 알지 못하면 궁극적으로 예수가 그대에게 가리키고자 하는 바를 깨달을 수가 없다. 진실을 말하자면 그대 바깥에는 아무것도 없다. 다시 말하면 모든 것은 그대 안에 있다.

돌이켜보라! 생각과 감정, 보고 듣고 냄새 맡고 맛보고 피부로 감촉하는 모든 것들은 그대를 떠나서 어디에 있는가? 눈에 보이는 세상 또한 그대 안에 있지 않은가? 그런데도 그대는 생각과 감정은 그대 안에 있고, 몸과 눈에 보이는 세상을 비롯한 감각의 대상은 그대 바깥에 있다고 여긴다. 이는 몸을 기준으로 하는 분별로 인한 착각일 뿐이다. 생각을 내려놓고 보라. 모든 것은, 몸과 세상 또한 마음 안에, 그대 안에 있지 않은가? 따라서 그대 자신을 떠나서는 어떤 것도 없고 어떤 일도 일어나지 않는다.

자신 안에서 박해받는 사람은 행복하다.

자신 안에서 '박해받는 자'는 누구인가? '박해받는 자'가 있으면 당연히 '박해하는 자'가 있을 것이다. 그러면 '박해하는 자'는 누구인가? '박해받는 자'와 '박해하는 자'의 구분은 무엇이 만드는가? 그것은 생각이며, 분별이 아닌가?

생각 없이, 분별없이 보라. '박해하는 자'와 '박해받는 자'가 따로 있는가? 생각 이전의 본래 마음의 자리에서는 박해하는 자와 박해받는 자의 구분이 없다. 본래 마음이 곧 참 그대이며, 진리요 아버지다. 아버지를 알게 되면, 그대는 '박해받는 자'도 '박해하는 자'도 없음을 깨닫게 된다. 이 모두가 생각이 빚어내는 꿈이요, 환영이기 때문이다.

따라서 자신이 박해받는다는 생각으로 고통스러운 자는 진실로 복이 있다. 무엇 때문인가?

그들은 진실로 아버지를 알게 될 것이다.

그는 박해를 통해, 생각이 가져다주는 고통을 통해 아버지를, 하나님을, 생명을 깨닫게 되기 때문이다. 만일 에고가 가져다주는 고통이 없다면 그대는 아버지를, 참나의 깨달음을 갈구하지 않을 것이다. 그러므로 박해받는 자는 진실로 아버지를 알게 될 것이다.

굶주린 사람은 행복하다.
원하는 사람마다 굶주린 배가 채워질 것이기 때문이다.

진리에 굶주린 자들은 진정 행복하다. 무엇 때문에 굶주린 자들이 행복한가? 진리에 대한 굶주림과 목마름이 있어야만, 진리를 찾게 될 것이기 때문이다. 그리하여 그들은 진리를 발견해 그들의 허기진 배와 갈급함이 채워질 것이기 때문이다.

두드려라, 그러면 열릴 것이다. 구하라, 그러면 주어질 것이다. 굶주리지 않고, 갈구하지 않는 자는 결코 아버지를 발견할 수 없으리라. 삶에서 마주치는 고통을 기꺼이 받아들여라. 그것은 그대가 긴 잠에서 깨어나려고 하는 신호와 다름이 없기 때문이다.

 **제70절 ___ 너희 안의 그것을**

예수께서 말씀하셨다.
"너희 안에 있는 그것을 열매 맺게 한다면
그것이 너희를 구원할 것이다.
너희 안의 그것을 너희가 갖지 못한다면
그것이 너희를 죽일 것이다."

\* \* \*

너희 안에 있는 그것을 열매 맺게 한다면
그것이 너희를 구원할 것이다.

'너희 안의 그것'이란 무엇일까? 그대가 날 때부터 지니고 있는 본래 마음이다. '너희 안에 있는 그것'이라고 표현했지만, 그대 안에 그대와 다른 별개의 실재가 있는 것은 아니다. 그대가 그것이다. 그대가 바로 본래 마음이다. 그러면 어떻게 하는 것이 그것을 열매 맺게 하는 것인가? 거름과 물을 주면서 부지런히 가꾸어야만 할까?

본래 마음은 애초부터 완전하기 때문에 열매 맺게 하는 데는 다른 방법이 없다. 그대 안에서 그것을 발견하여 그것이 바로 그대 자신임을 깨닫는 것이다. 그러면 그대 자신이 바로 그것이 된다. 생각 속의 세상에서 깨어나 실상의 삶을 살아갈 수가 있다. 그것이 '너희 자신을 구원하는 것'이며, 그대를 구원하는 것이다.

> 너희 안의 그것을 너희가 갖지 못한다면
> 그것이 너희를 죽일 것이다.

만일 그대가 진정한 자신을, 본래 마음을, 하나님을 깨닫지 못하면, 실재하지 않는 환상이 그대를 고통 속으로 내몰 것이다. 그리하여 그대는 죽음을 겪지 않으면 안 될 것이다.

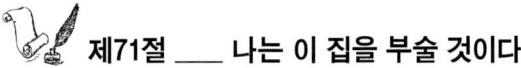 ## 제71절 ___ 나는 이 집을 부술 것이다

> 예수께서 말씀하셨다.
> "나는 이 집을 부술 것이다.
> 그리고 아무도 이 집을 짓지 못할 것이다."

참 자아를 깨달은 사람만이 진정한 혁명가라고 말할 수 있다. 그런 의미에서 예수는 인류 역사상 몇 안 되는 진정한 의미에서의 혁명가라고 일컬을 수가 있다. 자기 안의 빛을, 하나님을, 진리를 발견한 사람은 혁명가가 되지 않을 수가 없다. 자신이 알고 있는 기존의 인습과 신앙, 그리고 가치체계가 꿈과도 같은 환영임을 깨닫게 되기 때문이다. 그래서 기존의 인습적인 가치체계를 부정하지 않을 수 없게 된다.

하나님은, 진리는 모든 상대적인 개념을 넘어선다. 예수가 발견한 하나님은 언어와 말 길이 끊어진 절대의 자리이다. 자기 안의 하나님을 깨달은 사람은 스스로 그것이 된다. 그리하여 예수는 아버지와 아들이 하나임을 깨쳤다. 몸은 사라져도 참 자아인 하나님은 죽음을 경험하지 않는다는 진실을 알게 된 사람에게는 모든 두려움이 사라진다. 누구도 그가 가는 길을 막을 수 없다. 〈도마복음〉에서 예수는 스스로 한 점의 의심도 없이 전체 생명인 아버지의 권위를 가지고 말한다. 그래서 그의 말은 듣는 사람들을 변화시키는 강력한 힘이 있다.

나는 이 집을 부술 것이다.

이 말씀에서의 '집'이라는 단어 또한 비유적인 표현이다. 집이란 그대가 태어나서 자라고 먹고 마시고 잠자고 쉬는 등 일상생활을 영위하는 곳이 아닌가? 그러나 예수가 여기서 말하고 있는 집이란 단순히 눈에 보이는 형상이 있는 물리적 실체로서의 집만을 말하는 것이 아니다. 그보다 더 포괄적인 것이다. 눈에 보이지 않는 신념과 관습, 고정관념, 인습 등 사람들이 동일시하고 의지하고 있는 일체를 가리킨다.

나아가 집은 그대가 이미 알고 있다고 생각하는 일체의 모든 것이다. 그대가 잠자면서 꾸는 꿈은 물론이고 눈을 뜨고 꾸고 있는 꿈 모두가 그대가 거주하고 있는 집이다. 그대가 인식하는 세상 전체가 그대의 집이다. 그대는 그것을 실체로 알면서 살고 있지만, 사실 그것은 꿈과 같고 물거품 같고 봄날의 아지랑이와 같고 사막의 신기루 같은 환영幻影에 지나지 않는다.

그래서 예수는 이렇게 선언한다.

"나는 그대가 실재한다고 믿으며 살고 있는 환영의 집을 부술 것이다."

예수는 왜 그대가 진짜라고 믿으며 살고 있는 그대의 세상을, 환영의 집을 부수려고 할까? 그것은 환영의 집을 부수어야만 그대가 실재하는 하늘나라, 아버지 나라를 발견할 수 있기 때문이다. 따라서 예수는 그대를 집 없는 노숙자로 내몰기 위해서 그대의 집을 부수려고 하는 것이 아니다. 그대에게 하늘나라를 보여주기 위해, 그대로 하여금 죽음을 경험하지 않는 아버지 나라에서 살게 하려고 그대의 집을 부수려고 하는 것이다.

사실 예수뿐만이 아니라 붓다, 그리고 여타의 모든 깨달은 이들의 가르침 또한 그대가 살고 있는 집을, 환영의 세계를 부수기 위한 방편에 지나지 않는다. 그대는 날 때부터 하늘나라에 살고 있으나 스스로 생각으로 지어낸 환영의 집에 갇혀서 고통을 받고 있다. 따라서 그대가 의지하면서 살고 있는 환영의 집만 부수어버리면 그대는 곧바로 하늘나라에서 살게 된다. 그래서 예수가 그대의 집을 부수겠다는 것은 비정하고 매몰찬 행위가 아니다. 그것은 지극한 사랑과 자비심의 표현이다.

그리고 아무도 이 집을 짓지 못할 것이다.

예수의 이 말에는 단순히 미래에 대한 예측이나 예언이 아니라, 강력한 선언적인 힘이 실려 있다. 다시 말하면, 이 말에는 "아무도 이 환영의 집을 짓지 못하게 할 것이다."라는 그의 강한 의지가 담겨 있다. 환영의 집은, 생각과 개념은 실체가 아니다. 그것은 봄날의 아지랑이나 사막의 신기루와 같이 눈에 헛것이 보이는 것일 뿐이다. 따라서 그것을 부수기 위해서 망치와 곡괭이, 또는 불도저나 중장비가 필요한 것이 아니다. 다만 그것이 환영이며 환상임을 깨닫는 순간에 사라져버린다.

그러므로 예수는 여기서 이렇게 말하고 있다.

"그대가 실재한다고 믿으며 살고 있는 세상이 헛것이요 환영임을 똑똑히 보여주었으니, 이제 그것이 다시는 그대를 속이지 못할 것이다."

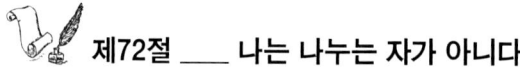 ## 제72절 ___ 나는 나누는 자가 아니다

한 남자가 예수께 말했다.
"나의 형제들에게 내 아버지의 유산을
나와 나누라고 말씀해 주십시오."


예수께서 그에게 말씀하셨다.
"이 사람아, 누가 나를 나누는 자로 만들었는가?


예수께서 제자들에게 돌아서며 말씀하셨다.
"나는 나누는 자가 아니다. 그렇지 않은가?"


\* \* \*

나의 형제들에게 내 아버지의 유산을
나와 나누라고 말씀해 주십시오.

예수가 제자들과 함께 있는 자리에 제자가 아닌 한 남자가 예수에게 요청한다.

"내 아버지의 유산을 나와 나누라고 내 형제들에게 말씀해 주실 수 있으신가요?"

아마도 이 남자는 아버지가 죽은 뒤 유산 분배를 둘러싸고 형제들과 갈등을 겪고 있었던 모양이다. 그는 예수가 슬기롭고 지혜로운 사람이니 형제들 사이의 아버지 유산분배를 둘러싼 갈등을 솔로몬과 같은 지혜로 잘 중재해 해결해 줄 수 있다고 생각했다. 그래서 그는 예수에게 이같이 요청하고 있다.

사람아, 누가 나를 나누는 자로 만들었는가?

그러나 예수는 그에게 예상 밖의 답변을 한다.

"이 사람아, 누가 나를 재판관처럼 나누는 자로 만들었는가? 나는 시시비비를 판결하고 옳고 그름을 가리는 판관이 아니다."

나는 나누는 자가 아니다. 그렇지 않은가?

그런 다음 예수는 돌아서서 제자들에게 말한다.

"나는 나누는 자가 아니다. 그렇지 않은가? 이 사람은 몰라도 너희들은 내가 나누는 자가 아니라는 것을 알고 있겠지?"

예수는 이 자리에서 왜 제자들에게 자신이 나누는 자가 아님을 거듭해서 확인하고자 하는가? 〈도마복음〉을 보면 곳곳에서 제자들이 예수에게 "당신은 누구십니까?"하고 묻고 있는 대목을 발견할 수 있다. 이는 곧 당시 예수의 대다수 제자가 예수의 진정한 정체가 무엇인지, 그가 사람들에게 무엇을 가르치고자 하는지 모르고 있다는 사실을 반증한다.

그래서 예수는 말이 나온 김에 자신은 세속의 일들을 판결하고 재단하는 사람이 아니라는 것을 거듭 주지시키고자 하는 것이다. 아마도 그 당시 제자들 가운데서 예수가 세속 일을 나누는 판관이 아니고 모든 분리와 분별을 하나님 안에서 통합시키고자 한다는 사실을 알고 있는 사람은 예수의 비밀 가르침을 제대로 전수받은 도마를 비롯한 극소수뿐이었다.

예수는 옳고 그름을 가리고 세속의 일을 재단하러 온 사람이 아니다. 사람들의 내면에 있는, 모든 개념적인 분리를 넘어서 있는 하늘나라를 발견할 수 있도록 알려주기 위해 온 사람이다. 만일 그가 세속의 일의 옳고 그름을 가리려고 했다면, 당시 로마제국의 압제하에 있었던 이스라엘의 분리 독립을 위해 제자들과 대중들을 선동해서 독립투쟁에 나섰을 것이다. 그러나 그는 그렇게 하지 않았다. 그 또한 꿈속의 일임을 누구보다도 잘 알고 있었기 때문이다.

간음한 여인이 사람들에게 붙들려 예수 앞에 엎드리고 있을 때, 예수는 그녀에게 이렇게 말한다.

"나 또한 그대를 정죄하지 않겠노라."

만약 그가 판관처럼 '나누는 자'였다면, 그는 이렇게 말했을 것이다.

"그대는 모세가 정한 계명을 어겼으므로 마땅히 돌팔매질을 당해 죽어야만 한다."

옳고 그름을 나누는 것은 생각과 개념 속에서 일어난다. 따라서 그대가 생각과 개념과의 동일시에서 벗어나지 못하면 끝없이 시시비비를 따지면서도 그것이 다만 상대성 속에 있는 자신의 생각임을 알지 못한다.

분별을 넘어서라. 모든 분리와 재단을 넘어서 있는 그대 안의 하나님을 발견하라. 하나님은 하나이며, 전체이다. 하나님 안에서는 어떤 분리도 없다. 그 안에서 그대는 하나님과 하나가 된다.

이것이 예수가 그대에게 전해주고자 하는 '비밀의 가르침'이다.

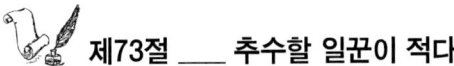 **제73절 ___ 추수할 일꾼이 적다**

예수께서 말씀하셨다.
"추수할 것은 많으나 추수할 일꾼들이 적다.
수확할 일꾼들을 보내달라고 주님께 청하라."

\* \* \*

추수할 것은 많으나 일꾼들이 적다.

이 말씀이 설해진 배경을 알기 위해 공관복음서에 나와 있는 유사한 구절을 살펴보자.

그 후 주님께서 달리 일흔두 제자를 뽑아 앞으로 찾아가실 여러 마을과 고장으로 미리 둘씩 짝지어 보내면 이렇게 분부하셨다.

"추수할 것은 많은데 일꾼이 적으니 주인에게 수확할 일꾼을 보내달라고 청하여라." (누가복음 10:1~2)

예수께서는 모든 도시와 마을을 두루 다니시며 가는 곳마다 회당에서 가르치시고 하늘나라의 복음을 선포하셨다. 그리고 병자와 허약한 사람들을 모두 고쳐주셨다. 또 목자 없는 양과 같이 시달리며 허덕이는 군중을 보시고 불쌍한 마음이 들어 제자들에게 이렇게 말씀하셨다.

"추수할 것은 많은데 일꾼이 적으니 그 주인에게 추수할 일꾼들을 보내달라고 청하여라." (마태복음 9:35~38)


이 절은 예수가 사람들에게 아버지 나라를 발견하라는 복음을 전파하기 위해 자신의 제자들을 둘씩 짝지어서 앞으로 방문할 고장으로 떠나보내면서 한 말이다. 따라서 이 또한 예수가 깨달음을 곡식을 추수하는 것에 빗대어 말씀한 비유다.

'추수할 것'이란 영적으로 깨어날 수 있는 단계에 이른 사람들을 가리킨다. 예수 당시나 지금이나 세상에는 영적인 무지 때문에 미혹 속에서 헤매며 고통 받고있는 사람들로 넘쳐나고 있다. 그러나 그들을 일깨워 아버지 나라를, 참나를 발견하게 할 수 있는 일꾼, 이미 깨어난 영혼들은 그리 많지가 않다.

추수할 것이 많다는 말은 곡식들이 무르익었다는 뜻이요, 이는 곧 영적으로 깨어날 계제에 이른 사람들이 많다는 의미이다. 따라서 이 때는 이미 깨어나서 하늘나라를 발견한 사람이 살짝 건드려만 주어도 사람들은 미혹에서 깨어날 수가 있다. '추수할 일꾼'이란 이러한 사역을 담당할 사람을 가리킨다. 그러나 예수를 대신해서 추수할 일꾼 역할을 해줄 수 있는 제자들의 수는 아직은 소수에 불과하다. 이러한 당시 상황을 예수는 "추수할 것은 많으나 일꾼들이 적다."라고 표현하고 있는 것이다.

수확할 일꾼들을 보내달라고 주님께 청하라.

이 말은 예수가 제자들에게 당부한 말이 아니라 자기 혼자서 하는 독백에 가깝다고 볼 수가 있다.

예수는 내심 이렇게 말하고 있는 것이다.

"지금보다 많은 사람을 깨어나게 할 수가 있는데, 그 역할을 해낼 수 있는 제자들이 적어서 안타깝구나. 제자들이 어서 빨리 깨어나서 이 일을 나와 함께할 수 있으면 좋으련만…."

## 제74절 ___ 우물 안에는 아무것도 없다

예수께서 말씀하셨다.

"주여, 우물가에 많은 이들이 모여 있으나
우물 안에는 아무것도 없습니다."

\* \* \*

이 절은 〈도마복음〉의 다른 절과는 형식상의 성격이 다르다. 다른 절들이 예수가 제자들이나 군중들을 대상으로 전하는 말씀이라면, 이 절은 예수 자신의 독백이기 때문이다. 여기서 대화의 상대로 '주主'를 부르고 있는데, 이는 예수 스스로가 내면에서 발견한 '아버지'를 일컫는 것이라고 보면 된다. 따라서 예수의 이 말씀은 자신의 내면적인 체험을 이야기하는 독백으로 보면 무난할 것이다.

주여, 우물가에 많은 이들이 모여 있으나
우물 안에는 아무것도 없습니다.

이 말씀 속에는 짧지만 심오한 내용이 담겨 있다. 예수는 이 독백에서 궁극의 진리에 대한 자신의 체험을 고백하고 있다. 이 말씀에서의 핵심적인 비유어는 '우물'임을 모두가 쉽게 알 수 있을 것이다. 그러면 예수가 말하는 '우물'은 무엇을 가리킬까?

우물 속에는 무엇이 있는가? 당연히 물이 있다. 물이 없는 우물은 우물이라고 부를 수 없을 것이다. 그대는 우물 속을 들여다본 적이 있는가? 우물을 들여다볼 때 무엇이 보이는가? 신기한 듯이 우물 속을 들여다보았던 어릴 적의 기억을 떠올려 보라.

우선 자신의 얼굴이 보일 것이다. 그리고 푸른 하늘도, 하늘에 떠가는 흰 구름도 보이고 함께 우물을 들여다보는 동무들의 얼굴도 보일 것이다. 우물 속의 물은 거울처럼 그대와 세상을, 모든 것을 비춘다. 또 하나 우물의 특성은 바깥에서 들여다보아서는 그 깊이를 알 수 없다는 것이다. 그 깊이가 얼마나 되는지, 그 안에 무엇이 들어 있는지는 사다리나 밧줄을 타고 내려가 보기 전에는 알 수가 없다.

이 같은 우물의 두 가지 특성을 조합해보면 무엇이 연상되는가? 예수는 여기서 무엇을 우물에 비유하고 있는가? 예수는 여기서도 역시 마음에 대해 이야기하고 있다. 예수가 말하는 하늘나라도, 아버지도 모두 마음 안에 있기 때문이다. 마음을 벗어나서는 아무것도 존재할 수 없다.

주여, 우물가에 많은 이들이 모여 있으나

우물의 바깥에서 우물을 보면 많은 이들이 모여 있는 것이 우물의 표면에 비친다.

마찬가지로 표층에서 보면 마음 안에는 '나'와 '너', 그리고 세상, 수많은 생각들, 중중무진의 법계가 펼쳐져 있는 것이 비쳐 보인다.

우물 안에는 아무것도 없습니다.

그러나 직접 우물 속으로 들어가 답사해보라. 다시 말하면 마음속으로 깊이 들어가 내면을 탐사해 보라. 거기에 무엇이 있는가? 그대가 직접 우물 속으로 내려가 보기 전에는, 마음 깊이 내려가 보기 전에는 무엇이 있는지 알지 못한다.

여기서 예수는 다른 사람으로부터 들은 이야기가 아니라 자신의 직접적인 체험에 대해서 이야기 하고 있다.

"우물 안에는 아무것도 없습니다."라는 말은 곧 "마음 안에는 아무것도 없습니다."라는 말과도 같다.

거기엔 아무것도 없다. 우물 안에는, 마음 안에는 아무것도 없다. 마음의 근원을, 궁극을 본 사람만이 이렇게 말할 수가 있다.

## 제75절 ___ 홀로인 사람만이

예수께서 말씀하셨다.

"밝은 사람이 문 앞에서 서성이고 있다.
그러나 홀로인 사람만이 신방에 들어가리라."

* * *

밝은 이들이 문 앞에서 서성이고 있다.

결혼식 날 밤 신방의 문 앞에서 서성이고 있는 자는 누구인가? 사람들은 문지방에서 신랑과 신부가 신방에 들기를 고대하며 서 있다. 화려하고 융성했던 결혼식과 피로연은 이제 끝이 났다. 오고 가는 술잔과 흐르는 음악 속에서 흥겹게 춤추던 댄스파티도 막을 내렸다. 그대는 한시바삐 신방에 들어서 첫날밤을 치르기를 원한다. 그러나 그대에게는 아직 신방에 들어갈 수 있는 자격이 갖추어지지 않았다. 그래서 그대는 신방에 들어가고 싶어도 들어갈 수가 없다.

그러나 홀로인 사람만이 신방에 들어가리라.

그대가 신방에 들어갈 수 있는 자격은 무엇인가?
예수는 말한다.
"그대가 신방에 들어가려면 먼저 홀로 되어야만 한다. 그렇지 않으면 신방에 들어갈 수 없으리라."
예수의 가르침은 언제나 그대의 마음, 즉 내면에 초점을 두고 이야기하고 있음을 잊지 말라. 예수가 말하는 '결혼식'이나 '신방' 또한 그러하다. 신방이란 어떤 곳을 말하는가? 합방이, 합일이 이뤄지는 방이다. 둘이 하나가 되는 곳이다. 아들과 아버지가, 신랑과 신부가, 개체의식이 전체의식과 하나가 되는 내면의 은밀한 방이다.

예수는 그대가 신방에 들어가기 위해서는 그대가 먼저 홀로 될 것을 주문하고 있다.

물론 그대에게는 가족이나 친지, 친구나 동료가 있을 것이다. '홀로 되라'는 것은 이들을 버리고 홀로 산이나 사막으로 들어가라는 말이 아니다. 외면적으로 어떤 사람들과 함께 살고 함께 지내는 것은 전혀 문제가 되지 않는다. 그대가 내면에서 홀로 되라는 말이다.

홀로 된다는 것은 무엇을 가리키는가? 생각 이전의 마음자리에서는 그대는 홀로 존재한다. 그러므로 홀로 된다는 것은 그대가 생각에 의해 분리되지 않고 나뉘지 않는 전체로, 한바탕의 마음으로 존재하는 것을 의미한다. 그대의 본래 마음은, 예수의 표현을 빌리면 아버지는 언제나 홀로 있다. 왜인가? 그것은 나뉘지 않는 전체이기 때문이다. 하나뿐이기 때문에 홀로인 것이다.

그런데 무엇이 본성을 둘 혹은 여럿으로 나눠놓는가? 그것은 다름이 아닌 생각이다.

한 생각이 일어날 때, 그것과 동일시되면 '나'가 생겨나고 동시에 '너'와 '세상'이 신기루처럼 일어난다. 그대 마음속에서 그대가 인지하는 다수多數와 다자多者는 모두 개념일 뿐이며, 실재하는 것이 아니다. 그러나 그대는 그것을 실재하는 것으로 착각하면서 살고 있다.

그대 내면에서 생각과 동일시되어 여럿이 존재한다면, 그것은 홀로 있지 못한 것이다. 생각과의 동일시 없이, 생각하되 생각을 좇아가지 않는 것이 홀로 있는 것이다. 본래 마음이 밝아져서 알아차림이 환하게 빛을 놓고 있는 것이 홀로 있는 것이다. 여기서 '홀로 있는 것'과 '신방에 들어가는 것'은 다른 것이 아니다. 홀로 있기만 하면, 생각 이전의 자리에 머물기만 하면, 이미 전체와 합일된 상태로 신방에 든 것이다. 그대가 홀로 있기만 하면 언제나 신방에서 전체와의 합일 속에 있는 것이다. 그때는 오직 '나' 홀로 뿐이다.

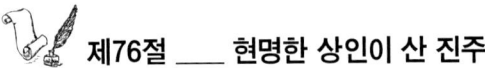

## 제76절 ___ 현명한 상인이 산 진주

예수께서 말씀하셨다.
"아버지의 나라는 많은 물건을 가지고 있던 중에
진주 한 알을 발견한 상인과 같다.
그 상인은 현명한 사람이어서
자신 가진 모든 물건을 팔아서
자신을 위해 진주 하나만 샀다.
그러므로 너희도 벌레가 먹지 않고 좀도 슬지 않는 곳에서
영원토록 가는 그런 보물을 찾으라."

＊ ＊ ＊

아버지의 나라는 많은 물건을 가지고 있던 중에
진주 한 알을 발견한 상인과 같다.

예수는 말한다.
"아버지의 나라는 슬기로운 상인이 가지고 있던 모든 물건 중에서 발견한 소중한 진주 한 알과 비교할 수 있다."

그 상인은 현명한 사람이어서

자신 가진 모든 물건을 팔아서

자신을 위해 진주 하나만 샀다.


"그는 어떤 것이 영원한 것인지를 알만큼 현명했기 때문에 자신이 가지고 있던 물건들을 모두 팔아서 자신을 위해 그 진주 한 알을 샀다."


그러므로 너희도 벌레가 먹지 않고 좀도 슬지 않는 곳에서

영원토록 가는 그런 보물을 찾으라.


"그 현명한 상인처럼 너희들도 덧없고 무상해서 곧 사라질 물건이 아니라, 벌레가 먹지 못하고 좀도 슬지 않아서 영원토록 가는 그런 보물을 찾으라."

현명한 상인이 가지고 있던 모든 물건을 팔아서 산 한 알의 진주처럼, 예수가 말하는 영원토록 가는 보물은 무엇인가? 그는 왜 모든 것을 다 주고서라도 그것을 찾으라고 제자들에게 당부하는가? 예수가 말하는 영원한 것과 시간이 흐르면서 벌레가 먹고 좀이 슬어 영원하지 못한 것을 어떻게 구분할 수 있을까?

간단히 말하면 목숨이 다할 때 가져갈 수 없는 것은 영원하지 못한 것이요, 반면에 죽을 때 가져갈 수 있는 것이 영원한 것이다. 그대가 지니고 있는 모든 것들, 재산, 명예, 권력, 가족들과 친구들, 그리고 그대의 육체도, 그대의 기억조차도 죽을 때 가져갈 수 없다. 따라서 이 모든 것들은 영원하지 못한 것들이다.

그러면 죽을 때 가져갈 수 있는 것은 무엇인가? 그것은 그대의 소유

물이 아니다. 그것은 그대의 존재 자체인 본성인 동시에 영원한 생명이다. 그것은 태어나지도 않았기 때문에 죽지도 않는다. 오직 그것만이 영원히 남는 그대의 것이다. 그것은 값으로 따질 수조차 없이 소중하고 귀중한 것이다. 전체요 하나인 것을, 그대의 존재 자체를 어떻게 값으로 환산할 수 있겠는가? 따라서 동양에서도 옛날부터 그것을 '가치로 따질 수 없는 보물'이라고 일컬어 왔다.

슬기로운 상인이 자신이 가진 모든 것을 팔아서 산 진주 한 알이 바로 그것이다. 하지만 안심하라. 그것을 얻기 위해 그대의 전 재산을 처분해야 한다는 것은 아니다. 가치로 따질 수 없는 보물이지만 땡전 한 푼 없어도 그대는 그것을 구할 수가 있다.

그대는 이미 그 보물을 자신 속에 간직하고 있기 때문이다. 다만 그대는 그것을 발견하기만 하면 그 보물은 그대의 것이 된다. 그래서 생을 다하는 날까지, 아니 세세생생을 마음껏 써도 결코 소진되지 않는다. 그 보물을 발견하기만 하면 그대는 궁핍과 신고辛苦에서, 불안과 두려움에서 벗어나서 하늘나라에서 살게 된다. 그런데도 그대는 왜 그것을 찾지 않는가?

### 제77절 ___ 나는 모든 것이다

예수께서 말씀하셨다.
"나는 모든 것 속에 비치는 빛이다.
나는 모든 것이다.
나로부터 모든 것이 나왔고

모든 것이 나에게로 돌아온다.

나무토막을 쪼개보라.

내가 그곳에 있다.

돌을 들추어보라.

그러면 그곳에서 너희는 나를 발견할 것이다."

* * *

예수의 가르침에 대한 지금까지의 오해들은 어디에서 비롯된 것일까? 그것은 예수의 가르침을 이해할만한 의식 수준에 도달하지 못한 사람들이 기록된 문자의 뜻만을 좇아서 예수를 해석했기 때문이다. 누구도 자신의 의식 수준의 넘어서 있는 말은 제대로 이해할 수가 없다. 다만 자신의 의식 수준 내에 있는 것만 이해할 수가 있다. 그래서 자신의 의식 수준을 넘어서 있는 것은 이해가 아닌 오해가 될 수밖에 없는 것이다.

예수는 이 말씀을 통해 자신의 진정한 정체성을 제자들에게 드러내고 있다. 여기서 예수의 말씀은 마치 인도 〈우파니사드〉의 한 구절이나, 어느 선승禪僧의 일갈을 대하는 듯한 느낌을 준다.

예수는 어떤 자기 정체성을 지니고 있는가? 예수는 스스로를 '무엇'으로 인식하고 있는가? 여기서 예수는 이 같은 물음에 대한 자신의 대답을 들려준다.

나는 모든 것 속에 비치는 빛이다.

나는 모든 것이다.

나로부터 모든 것이 나왔고

모든 것이 나에게로 돌아온다.

"나는 모든 것 속에 비치는 순수 자각이다. 모든 것은 나 속에 있고, 나는 모든 것 속에 있다. 나로부터 모든 것이 나왔고, 모든 것은 또 내게로 돌아온다."

그대가 여기서의 '나'를 '예수'라는 이름을 지닌, 2천 년 전 유대 지방에 살았던 한 남자를 가리키는 줄 안다면, 그대는 이 말씀을 결코 받아들이지 못할 것이다. 여기서 '나'는 순수의식을, 달리 말하면 한바탕의 본래 마음을 가리킨다. 따라서 예수의 '나'나 그대의 '나'는 다르지가 않다. 그리고 예수의 '나'는 붓다가 태어나면서 외쳤다는 "하늘 위와 하늘 아래에서 오직 내가 홀로 존귀하다天上天下 唯我獨尊."는 말씀 속의 '나'와도 같은 것을 가리킨다.

나무토막을 쪼개보라.
내가 그곳에 있다.
돌을 들추어보라.
그러면 그곳에서 너희는 나를 발견할 것이다.

"나무토막 속에도, 돌 밑에도 내가 있다. 그 어디에서도 나를 발견하지 못할 곳은 없다. 나는 모든 곳에 있다."

일본의 선승 잇큐一休의 선시禪詩가 떠오른다.

"벚나무의 가지를 부러뜨려 봐도 그 속엔 벚꽃이 없다.

그러나 보라, 봄이 되면 얼마나 많은 벚꽃이 피어나는가."

벚나무 가지를 쪼개어 봐도 그 속엔 벚꽃이 없다. 그러나 봄이 되면 얼마나 많은 벚꽃이 가지에서 피어나는가? 무엇이 벚꽃들을 피어나게 하는가? '나'가 한다. 예수가 말하는 '나'란 누구를 가리키는가? 나는 순수의식이요 전체 생명이다. 벚나무 가지를 쪼개어 봐도 벚꽃을 피우는 생명을 눈으로 볼 수는 없다. 그러나 그 보이지 않는 생명이 봄이 되면 수많은 벚꽃을 피어나게 한다.

나는 태어나지도, 죽지도 않는다. 나는 없는 곳이 없다. 나 아닌 것은 어디에도 없다.

## 제78절 ___ 갈대를 보러 왔는가

예수께서 말씀하셨다.

"너희는 왜 광야로 나왔는가?

바람에 흔들리는 갈대를 보러 왔는가?

너희 왕들과 권세가들처럼

좋은 옷을 입고 있는 자를 보러 왔는가?

그들은 좋은 옷을 입고 있으나

진리를 알지는 못한다."

\* \* \*

너희는 왜 광야로 나왔는가?

바람에 흔들리는 갈대를 보러 왔는가?

이 절에서의 '갈대'는 단순히 들판에 피어있는 갈대를 가리킬 수도 있다. 그러나 뒤에 나오는 '왕들과 세력가들'이란 말과 대비해서 본다면, 평범하고 보잘것없는 차림새의 예수 자신의 모습을 비유적으로 가리키고 있다고 보는 것이 타당하다.

예수는 갈대가 무성하게 피어있는 광야에서 제자들에 묻는다.

"너희는 왜 광야로 나왔는가? 바람에 흔들리는 갈대와 같은 사람의 아들을 보러왔는가? 그래서 나의 가르침을 듣고 아버지 나라에 들어가려고 왔는가?"

> 너희 왕들과 권세가들처럼
> 좋은 옷을 입고 있는 자를 보러 왔는가?
> 그들은 좋은 옷을 입고 있으나
> 진리를 알지는 못한다.

"그렇지 않으면 너희 왕들과 세력가들처럼 좋은 옷을 입은 자를 보러왔는가? 비록 금은보화로 장식한 좋은 옷을 입고 있으나, 그들은 진리를, 아버지 나라를 알지 못한다.

하지만 바람에 흔들리는 갈대와 같이 아무것도 가진 것이 없는 사람의 아들은 진리 자체이기 때문에 너희들을 아버지 나라로 인도할 수가 있다."

예수는 "너희들은 너희 왕들과 세력가들의 세속적인 인도를 따르지 않고 왜 굳이 기존의 가치관을 뒤엎기 때문에 박해를 받을 위험성이 있는, 거친 광야와도 같은 나의 가르침을 따르려 하느냐?"고 제자들에게 묻고 있다. 그리고 나서 그는 자신의 물음에 대해 스스로 답한다.

그들이 세속의 왕들과 권세가들을 따른다면, 그들은 진리를 알지 못하기 때문에 결코 아버지 나라를 발견할 수가 없지만, 자신을 따르

면 비록 세속의 권세와 부귀영화는 보장되지 않을지 몰라도 그들을
진리로, 아버지 나라로 인도할 수 있다는 것을 은연중에 밝히고 있다.

##  제79절 ___ 잉태한 적이 없는 자궁

무리 속에서 한 여인이 예수께 말했다.
"당신을 배었던 자궁과 당신에게 젖을 먹인 젖가슴은 행복할 것입니다."

예수께서 그녀에게 말씀하셨다.
"아버지의 말씀을 듣고 진실로 그것을 지키는 자는 행복하다.
왜냐하면, 너희가 '잉태한 적이 없는 자궁과
젖을 먹인 적이 없는 젖가슴은 행복하다.'라고
말할 날들이 있을 것이기 때문이다."

\* \* \*

당신을 배었던 자궁과 당신에게 젖을 먹인 젖가슴은 행복할 것입니다.

예수의 말씀을 듣고 있던 군중 속의 한 여인이 예수를 칭송한다.
"당신 같이 훌륭한 선생님을 잉태하고 젖을 먹여 키운 어머니는 분
명 행복하실 것입니다."

그녀는 아직 예수의 본질을, 진정한 정체를 알지 못한다. 그래서 그
녀는 겉모습인 육신만을 볼 뿐이어서 육신의 예수를 낳고 기른 어머
니를 칭송하고 부러워한다.

아버지의 말씀을 듣고 진실로 그것을 지키는 자는 행복하다.
왜냐하면, 너희들이 '잉태한 적이 없는 자궁과
젖을 먹인 적이 없는 젖가슴은 행복하다.'라고
말할 날들이 있을 것이기 때문이다.

예수는 그녀에게 말한다.

"그대는 아직 내가 누구인지 모르는구나. 나는 그대 앞에 형체로 나타나 있는 육신이 아니다. 나는 태어난 적이 없다. 내 안의 태어난 적이 없는 '아버지'를 보라. 그대가 내 안의 아버지 말씀을 듣고 진실로 그것을 지킨다면 행복할 것이다.

그리하여 그대 또한 아버지를 알게 되면, '잉태한 적이 없는 자궁과 젖을 먹인 적이 없는 젖가슴은 행복하다.'라고 칭송할 날들이 있을 것이기 때문이다."

여기서 '잉태한 적이 없는 자궁과 젖을 먹인 적이 없는 젖가슴'은 무엇을 가리키는가? 그대 안에 태어난 적도 없는 것이 있다. 예수는 지금 그것을 가리키고 있다. 그것은 무엇인가?

그대의 본성은, 본래 마음은 태어난 적이 없다. 본성이 본성을 낳고 기르지는 않는다.

따라서 이것은 어디까지나 여인의 말을 빗대어서 한 비유적인 표현일 뿐이다. '잉태한 적이 없는 자궁과 젖을 먹인 적이 없는 젖가슴'은 바로 본성을 지칭하는 것이다.

잉태한 적이 없는 젖가슴과 젖을 먹인 적이 없는 젖가슴에 축복 있어라!

## 제80절 ___ 육체를 발견한 사람은

예수께서 말씀하셨다.

"세상을 알게 된 사람은 육체를 발견했다.

육체를 발견한 사람에게는 세상은 가치 있는 것이 아니다."

\* \* \*

세상을 알게 된 사람은 육체를 발견했다.

"세상을 알게 된 사람은 육체를 발견했다."는 것은 세상과 육체가 그 본질에 있어서는 다르지 않다는 것을 말하고 있다. 그렇다면 어떤 점에서 세상과 육체가 다르지 않다고 예수는 말하고 있는가? 이 말씀의 전후 맥락을 알 수 없기 때문에 정확히 어떤 관점에서 이런 말을 했는지는 알기가 어렵다. 그러나 〈도마복음〉을 관류하는 예수의 시각에서 비추어보면 그 의미를 파악하기가 그리 어렵지는 않다.

〈도마복음〉의 예수는 '세상'을 스쳐 가는 덧없는 것이며, 57절에도 나오듯이 시체와 같이 생명력이 없는, 환영과 같은 것으로 보고 있다. 그래서 예수는 세상의 환영과 같은 실상을 알게 된 사람은 육체 또한 그와 같은 것임을 발견하게 된다는 것이다.

육체를 발견한 사람에게는 세상은 가치 있는 것이 아니다.

참나를 깨닫기 전에는 그대는 육체를 자신으로 동일시하면서 산다. 무엇보다도 몸을 소중한 것으로 여긴다. 몸을 자기 존재 자체로 여기기 때문이다. 그래서 그대의 모든 생각과 행위는 육체를 중심으로 진행되고 전개된다. 사실 그대의 모든 근심과 걱정은 육체 때문에 일어난다고 해도 과언이 아니다. "무엇을 입고, 무엇을 먹고, 어디서 살 것인가를 비롯해 어떻게 하면 질병에 걸리지 않고 부상을 당하지 않을 수 있을까"하고 염려하면서 살고 있다. 그리고 "어떻게 하면 좀 더 젊게 살고, 좀 더 오래 살 수 있을까"하고 궁리하는 것은 모두 육체를 자신으로 동일시하기 때문이다.

그러나 그대가 조금만 관심을 두고 육체의 실상에 대해 살펴본다면, 몸 또한 세상처럼 환영에 지나지 않음을 깨닫게 된다. 생명 자체인 자각 없이는 육체는 스스로 움직이고 말하거나 생각할 수 없다. 육체는 인식능력이 없는, 음식물의 에센스로 구성된 물질 덩어리에 불과하기 때문이다. 그래서 생명이 떠나고 나면 육체는 썩기 시작한다. 그러면 그것은 오물 덩어리로 취급돼 불태워지거나 땅속에 묻히게 된다.

육체를 살아서 숨 쉬게 하고 움직이게 하는 주인공은 생명인 순수의식이며, 그것이 진정한 그대 자신이다. 그러나 그대는 이 사실을 깨닫지 못했기 때문에 단순히 물질 덩어리에 불과한 육체를 자신으로 착각하면서 살고 있다. 이 때문에 그대는 육체의 소멸을 자신의 죽음으로 오인한다. 그래서 죽음의 공포에서 벗어나지 못한다.

면밀하게 살펴보면, 세상이 그대가 개념으로 그려낸 환영에 불과하듯이 육체 또한 그 자체로는 어떤 실체성도 없는 허상에 불과하다는 것을 알 수가 있다. 육체와 세상은 주체와 객체의 관계를 구성하면서 동시에 일어났다가 동시에 사라진다. 이 둘은 꿈의 세상을 구축하는 양대 축이기 때문이다. 따라서 육체가 허상임을 발견한 사람은 세상 또한 아무런 가치가 없는 환영과 같은 것임을 깨닫게 된다.

# 나의 멍에는 가볍다

## 제81절 ___ 부유하게 된 사람은

예수께서 말씀하셨다.

"부유하게 된 사람이 왕이 되게 하고

권력을 가진 자는 그것을 포기하게 하라."

\* \* \*

부유하게 된 사람이 왕이 되게 하고

　얼핏 들으면, 예수는 부자가 왕이 되어 나라를 다스려야만 한다고 말하고 있는 것처럼 들릴 것이다. 그러나 〈도마복음〉에서 예수가 말하고 있는 부유함은 물질적인 소유에 관한 것이 아니다. 예수는 어디까지나 시종일관 마음의 부유함에 대해서 말하고 있다. 따라서 여기서의 '부유하게 된 사람'은 아버지 나라를 발견해 영적으로 풍요로워진 사람, 다시 말하면 그리스도를 일컫는다. 예수는 여기서 본래 마음을 깨달은 사람인 그리스도로 하여금 왕이 되게 하라고 말하고 있다.

　그리스의 철학자 플라톤은 이상적인 정치체제로 '철인정치哲人政治'를 주장했었고, 중국의 노자老子는 '성인지치聖人之治'를, 유교의 맹자孟子 또한 '내성외왕內聖外王'을 역설했었다. 각기 표현은 달라도 이 모두는 본래 마음을 깨달은 사람이 정치를 하는 것이 가장 이상적인 정치형태라고 보았다. 하지만 깨달은 사람인 성인聖人이 나라를 다스리는 정치체제는 어디까지 이상에만 그쳤지 아직 지상에 도래하지 않았다.

　예수는 과연 여기서 그리스도가 세속적 권력을 쥐고 나라를 다스려야 한다고 주장하고 있는 것인가? 그렇지는 않다. 예수의 관심은 어디까지나 '아버지 나라'에 있지 세속적인 왕국에 있지 않기 때문이다. 따라서 예수가 말하는 '왕'은 세속적 권력의 정점에 서 있는 지배자를 뜻하는 것이 아니라 어디까지나 비유적인 표현으로 보아야만 한다. 따라서 '왕'은 세속적 권력의 소유자가 아닌, 내면의 왕국을 지배하는 사람을 가리키는 비유로 보면 틀리지 않을 것이다.

예수는 말한다.

"아버지 나라를 발견한 사람이 내면의 왕국을 다스리는 왕이 되게 하라."

권력을 가진 자는 그것을 포기하게 하라.

이 문장에서의 '권력을 가진 자'는 세속적인 권세를 지닌 자, 곧 왕이나 황제와 같은 위정자를 가리킨다. 왕이 무엇을 위하여 그가 가진 세속적 권력을 포기해야만 할까?

생략된 구절을 보충해 보면, 이 문장은 다음과 같은 의미가 될 것이다.

"만일 권력을 가진 자가 내면의 왕이 되고자 한다면, 세속적 권력을 포기하게 하라."

아버지 나라를 발견하고자 하는 사람은, 아버지 나라를 발견해서 영적으로 부유한 사람이 되고자 하는 사람은 왜 세속적 권력을 포기해야만 하는가? 세속적 권력을 가진 자가 하늘나라를 발견하는 것은 낙타가 바늘구멍을 통과하기보다 어렵기 때문이다. 보통 사람들도 그렇지만, 권력을 가진 자가 행위자로서의 에고 의식을 내려놓기란 결코 쉬운 일이 아니다.

그대가 소유하고 있다고 생각했던 모든 것들을 잃어버렸을 때, 대단

한 사람으로 알았던 자신이 아무것도 아님을 절감할 때, 그대는 비로소 아버지 나라를 발견할 실마리를 얻을 수가 있다. 따라서 예기치 않은 불행이 찾아와 그대가 가진 모든 것을 잃어버려서 도저히 빠져나올 수 없는 나락으로 떨어진 것처럼 느껴진다면, 그것은 그대가 아버지 나라에 가까이 가고 있다는 전조로 여겨라. 그대가 아무것도 아닌 것이 될 때, 비로소 그대는 모든 것이 된다. 그때 내면의 왕국은, 아버지 나라는 그대의 것이 된다.

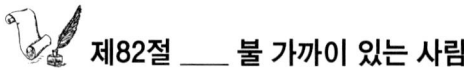

## 제82절 ___ 불 가까이 있는 사람

예수께서 말씀하셨다.
"내 곁에 가까이 있는 이는 불 가까이 있는 사람이다.
그리고 나로부터 떨어져 있는 이는
천국으로부터 멀리 떨어져 있는 사람이다."

\* \* \*

이 절에서 예수가 말하고 있는 '나'는 에고로서의 예수 자신을 가리키고 있는 것이 아니다. 그것은 아버지로서, 참나로서의 '나'를 지칭한다. 예수는 내면의 아버지를 깨달아 '아버지'와 '아들'이 하나임을 안다. 그래서 그는 참나인 아버지의 권위를 가지고 제자들에게 말하고 있다.

내 곁에 가까이 있는 이는 불 가까이 있는 사람이다.

여기서 '불'은 예수가 참나를 가리킬 때 즐겨 사용하는 '빛'이란 말과 다르지 않다. 태양과 빛이 다르지 않듯 불과 빛은 결국 같은 것의 다른 이름일 뿐이기 때문이다.

예수는 말한다.

"내 곁에 가까이 있는 이는 곧 아버지 가까이 있는 사람이다. 불에 가까이 다가가면 열과 빛이 강해지듯이, 나에게 가까이 다가오면 아버지께 가까이 다가가는 것과 같다."

> 그리고 나로부터 떨어져 있는 이는
> 하늘나라로부터 멀리 떨어져 있는 사람이다.

"나로부터 떨어져 있는 이는, 곧 아버지로부터 떨어져 있는 것이므로 그는 하늘나라로부터 멀리 떨어져 있는 사람이다."

## 제83절 ___ 형상 속의 빛

> 예수께서 말씀하셨다.
> "형상들은 보일 수 있는 것으로 드러난다.
> 그러나 그 형상들 속의 빛은
> 아버지의 빛은 형상 속에 감추어져 있다.
> 아버지는 드러날 것이지만
> 그의 형상은 그의 빛 속에 감추어져 있을 것이다."
> * * *

예수는 이 절에서 모든 것 속에 내재하는 동시에 모든 것을 아우르고 있는, 보이지 않는 순수의식인 아버지에 대해 이야기하고 있다.

> 형상들은 보일 수 있는 것으로 드러난다.
> 그러나 그 형상들 속의 빛은
> 아버지의 빛은 형상 속에 감추어져 있다.

예수는 말한다.

"형상들은 눈에 보인다. 그러나 그 형상들 속에 숨겨져 있는 빛은 순수의식으로서 눈에 보이지 않는다. 순수의식의 빛은 형상 속에 감추어져 있다."

예수는 순수의식을 '아버지' 또는 '빛'으로 즐겨 표현하고 있다. 그러나 이 또한 어디까지나 비유적인 표현임을 알아야만 한다. 빛은 다른 모든 것을 드러내지만 스스로는 드러나지 않는다. 순수의식, 또는 순수자각 또한 모든 것을 알고 드러내지만 스스로는 드러나지 않는다.

빛의 부재는 어둠이지만, 순수자각의 부재는 존재할 수가 없다. 무엇 때문인가? 모든 것의 근원이 순수의식이자 순수자각이기 때문이다. 순수자각은 빛을 아우르지만, 빛은 순수자각을 포괄할 수가 없다. 그러므로 빛은 어디까지나 형상 없는 순수자각에 대한 비유적인 표현일 뿐이다.

> 아버지는 드러날 것이지만.
> 그의 형상은 그의 빛 속에 감추어져 있을 것이다.

"순수자각은 어디에서나 훤하게 드러나 있지만, 그것은 그 자체의 빛 속에 감추어져 있어 형상이 없다."

깨달음은 순수자각인 알아차림이 스스로를 알아차리는 것이다. 그러나 눈에 보이는 형상을 통해 알아차리는 것이 아니다. 눈이 어떻게 눈을 볼 수 있겠는가? 하지만 자각은 스스로를 알아차릴 수 있다. 그것은 마치 촛불이 자신의 빛으로 스스로를 밝히는 것과 같다.

## 제84절 ___ 너희보다 먼저 존재한

예수께서 말씀하셨다.

"너희는 자신과 닮은 것을 볼 때 기뻐한다.

그러나 너희보다 먼저 존재한,

죽지도 않고 드러나지도 않는 너희 형상을 볼 때

너희가 얼마만큼 그것을 감당하겠는가?"

\* \* \*

너희는 자신과 닮은 것을 볼 때 기뻐한다.

"너희는 자신을 닮은 아들과 딸이나, 사람들을 보면 기뻐한다."

그러나 너희보다 먼저 존재한,

죽지도 않고 드러나지도 않는 너희 형상을 볼 때

너희가 얼마만큼 그것을 감당하겠는가?

"그러나 너희가 태어나기 이전부터 존재하는, 태어나지도 죽지도 않고 보이지도 않는 너희 본래의 실상을 발견할 때, 그것이 진정한 너희 자신임을 받아들이고 얼마만큼 수용할 수 있겠는가?"

그대는 형상이 있는 몸과 생각, 감정을 자신으로 알고 있다. 그러나 그것은 그대의 진정한 정체가 아니다. 참 그대는 눈에 보이지도 않고, 생각으로 알 수도 없는 순수자각이다. 그것은 태어나지도 않고 죽지도 않으며, 없는 곳이 없다. 그대 자신의 진정한 정체를 자각하는 것이 깨달음이다. 이는 천동설에서 지동설로 한순간에 우주관이 옮겨가는 코페르니쿠스적인 전환보다도 더 경천동지할 인식의 전환이다.

그러므로 그대가 비록 잠깐 동안 본성을, 아버지를 흘깃 보았다 하더라도 좀처럼 그것을 믿기가 어려울 것이다. 그것은 그대가 그때까지 쌓아온 관념과 가치관을 송두리째 무너뜨리는 것이기 때문이다. 그대가 감내하고 수용하기에는 그것은 너무도 큰 정신적인 충격을 줄 것이다. 그것을 감당하고 수용할 수 있겠는가?

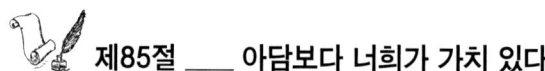

## 제85절 ___ 아담보다 너희가 가치 있다

예수께서 말씀하셨다.
"아담이 큰 권능과 큰 부유함에서 왔으나
너희만큼 가치 있지는 않다.
만약 아담이 가치가 있었다면
그는 죽음을 맛보지 않았을 것이기 때문이다."

* * *

아담은 누구인가? 그대는 아마도 구약성경 창세기의 주인공으로서, 에덴동산에서 살고 있었던 인류의 조상이라고 일컬어지고 있는 한 남자를 떠올릴 것이다. 여기서 예수가 말하고 있는 '아담'은 구약성경에 나오는 인류의 조상일 수도 있다. 또한, 동시에 불특정의, 인류의 보편적이며 평균적인 한 사람을 지칭하는 이름이기도 하다.

'아담은 큰 권능과 부유함에서 왔다'는 예수의 말은 곧 모든 사람들은 하나님 아버지의 큰 권능과 부유함에서 나왔다는 것을 가리키고 있다. 그것은 모든 사람들이 신성神性을 가지고 있기 때문이다. 모든 사람들이 하나님 아버지, 그 자체이기 때문이다.

예수는 제자들을 향해 이렇게 말한다.

"그렇지만 그는 너희보다는 가치가 있지 않다. 아담은 그 스스로가 큰 권능과 부유함인 하나님이나 아직 그것을 깨닫지 못해 무지 속에 살고 있다. 하지만 너희는 나의 가르침을 통해 하나님을 발견해 거듭날 것이기 때문에 아담보다 더 가치가 있다."

만약 아담이 가치가 있었다면

그는 죽음을 맛보지 않았을 것이기 때문이다.

"만일 아담이 너희보다 가치가 있었다면, 다시 말해 그가 내면의 하나님을 발견했더라면 죽음을 맛보지 않았을 것이기 때문이다."

여기서 예수가 말하는 '죽음을 맛보지 않는다.'는 말을 육체가 사멸

하지 않는다는 뜻으로 오해하지는 말라. 무릇 생겨난 것들은 모두 언젠가는 모두 소멸하고 사라진다. 오직 태어나지 않은 것만 죽음을 경험하지 않는다.

따라서 아담이 가치 있게 되어서 죽음을 경험하지 않게 되는 것은 자신 속의 태어나지 않는 하나님을 발견할 때, 자기 정체성이 그것으로 옮겨감에 따라 육체는 사라져도 죽음을 겪지 않게 된다는 것을 뜻한다.

그대는 흙으로 빚어진 자인 아담으로 살다가 다시 흙으로 돌아갈 것인가? 아니면 태어나지 않은 하나님을 발견해 죽음을 경험하지 않을 것인가? 그것은 오로지 그대의 선택에 달려 있다. 참 그대는 태어나지 않았다. 태어나지 않았기 때문에 죽지 않는다.

그대가 이 진리를 깨달을 때, 그대는 죽음을 맛보지 않게 될 것이다.

 **제86절 ___ 사람의 아들은**

예수께서 말씀하셨다.
"여우도 그들의 굴이 있고
새들도 그들의 둥지가 있으나
사람의 아들은 머리를 누이고 쉴 곳이 없구나."
* * *

예수의 이 말씀은 〈도마복음〉뿐 아니라 마가복음과 누가복음 등 다른 공관복음서에도 수록돼 있다. 이 말씀에 대한 기독교 대부분의 기존 해설은 머물 곳조차 없는 자기 신세에 대한 인간적인 예수의 한탄 섞인 독백으로 풀이한다. 이는 어디까지나 말씀에 대한 겉으로 드러난 의미에 대한 해설일 뿐이다.

예수 화법의 특징은 분명히 언어 이전의 마음자리를, 본성을 곧바로 가리켜 보이는 선禪적인 방법은 아니다. 예수는 제자들로 하여금 하늘나라, 즉 본성을 보게 하기 위하여 언어를 어디까지나 비유적으로 사용한다. 따라서 그의 가르침에 나오는 여러 가지 비유들은 그가 대화 상대에게 전달하고 보여주고자 하는 것이 과연 무엇이냐에 초점을 맞추지 않으면 그 속뜻을 파악하지 못한다.

예수가 일관되게 제자들에게 가리키고 있는 바는 내면의 하늘나라, 즉 생각 이전의 본래 마음이다. 이 점을 간과해버리면 예수가 말하는 '쉴 곳'을 외부세계의 공간을 차지하는 '집'으로 오해하게 된다.

이 절의 키워드는 '사람의 아들'이다. 이것은 유대민족의 관용구로 인간 전체나 자신을 가리킬 때 쓰는 말이다. 그러므로 사람이면 누구나 '사람의 아들'로 부를 수도 있고, 불릴 수도 있다. 106절에서 예수는 자신의 제자들을 '사람의 아들들'이라고 부르고 있다. 〈도마복음〉에서의 예수는 전체 생명인 영靈으로서의, '빛'으로서의 자신을 분명히 자각하고 있다. 그러면서도 동시에 그는 육화된 영으로서의, 전체 생명의 한 표현인 개아個我로서의 자신도 인지하고 있었다.

여우도 그들의 굴이 있고
새들도 그들의 둥지가 있으나
사람의 아들은 머리를 누이고 쉴 곳이 없구나.

예수는 말한다.

"여우도 제 굴이 있고, 새들도 제 둥지가 있어서 각기 돌아가서 쉴 수가 있다. 그러나 사람의 아들은 돌아가서 머리를 누이고 쉴 곳이 없다."

여기서의 '사람의 아들'은 예수 자신을 지칭한 것이 아니다. 보편적이고 일반적인 사람들 전체를 가리키고 있다. 여우에게도, 새들에게도 제각기 쉴 곳이 있는데, 사람만이 돌아가 쉴 곳이 없다는 것이다. 여기서 사람에게는 돌아가 쉴 곳이 없다는 말은 쉴 수 있는 집이 없다는 뜻이 아니다. 마음이 쉴 곳이 없다는 말이다.

그러면 사람의 아들에게는 무엇 때문에 마음이 쉴 곳이 없는가? 사람의 아들은 '나'라는 생각으로 인해, 에고로 인해 전체 생명인 아버지로부터 분리되었기 때문이다. 그래서 사람의 아들은 영원한 자기 집을 잃어버렸다. 그러므로 사람의 아들은 본래의 자기 집인 생각 이전의 본래 마음을, 하늘나라를 발견하기 전에는 머리를 누이고 쉴 곳이 없다.

여우와 새를 비롯한 동물들에게는 에고가 없다. 생각이 없기 때문에 자의식도 없다. 그래서 동물들은 번뇌가 없고 무심의 상태에서 편히 쉴 곳이 있다. 그러나 에고를 지닌 사람의 아들은 쉴 곳이 없다. 그래서 사람의 아들은 내면의 아버지를 발견해 하늘나라로 되돌아가야만 편히 쉴 수가 있는 것이다.

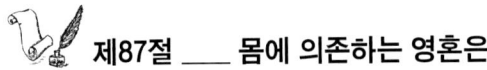

### 제87절 ___ 몸에 의존하는 영혼은

예수께서 말씀하셨다.

"몸에 의존하는 몸은 얼마나 초라한가?

그리고 이 둘에 의존하는 영혼은 얼마나 초라한가?"

\* \* \*

몸에 의존하는 몸은 얼마나 초라한가?

그리고 이 둘에 의존하는 영혼은 얼마나 초라한가?

몸은 다른 몸에 의존하여 살아간다. 생명체는 다른 생명체의 몸을 음식으로 섭취하지 않으면 살아갈 수가 없다. 몸은 자체성이 없기 때문에 자존할 수가 없는 것이다. 그러므로 몸은 언제나 다른 몸에 의존해야만 생존할 수가 있다.

그래서 예수는 이렇게 말한다.

"다른 몸에 의존하지 않고서는 살아갈 수 없는 몸은 얼마나 초라한가? 그리고 이 두 몸에 의존해서 살아가는 영혼은 또 얼마나 초라한가?"

여기서 '두 몸' 가운데 하나는 영이 깃들어 있는 몸이다. 이 몸은 다른 몸들을 음식으로 섭취하여 살아간다. 그런데 깨닫지 못한 영혼은 자신이 깃든 몸과 자신을 동일시하면서 살고 있다. 그래서 깨닫지 못한 영혼은 두 몸에 의존해서 살아가는 것이 된다. 그래서 예수는 "두 몸에 의존하는 영혼은, 다시 말하면 깨닫지 못한 영혼은 얼마나 초라한가?"라고 되묻고 있는 것이다.

그대가 만일 깨닫지 못하면, 그대는 육체를 자신으로 동일시하면서 살게 된다. 그대는 두 몸에 의존하는 삶을 살지 않을 수가 없게 된다. 그러면 그대는 필연코 죽음을 겪지 않으면 안 된다. 그대는 죽음의 공포에서 벗어날 수가 없을 것이다. 왜냐하면, 몸은 언젠가는 반드시 소멸하는 것이기 때문이다. 그때 그대는 몸의 소멸을 자신의 죽음으로 알기 때문에 죽음을 겪지 않을 수 없는 것이다. 이 얼마나 초라한 삶인가?

그대는 몸이 아니다. 그대는 순수자각인 생명이다. 그대가 진정한 자신을 깨닫게 될 때, 그대는 몸과의 동일시에서 벗어날 수가 있다. 그러면 몸에의 전적인 의존에서 해방된다. 그대는 죽음의 두려움에서 벗어날 수 있게 된다.

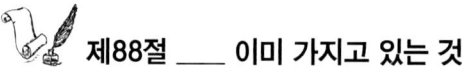

## 제88절 ___ 이미 가지고 있는 것

<blockquote>
예수께서 말씀하셨다.

"천사들과 예언자들이 너희에게 와서

너희가 이미 가지고 있는 것을 너희에게 줄 것이다.

그러면 너희도 너희가 가진 것을 그들에게 주면서

'언제 그들이 와서 그들의 것을 가져갈까?'라고

너희 자신에게 말하라."

\* \* \*

천사들과 예언자들이 너희에게 와서

너희가 이미 가지고 있는 것을 너희에게 줄 것이다.
</blockquote>

여기서 '천사들과 예언자들'은 누구를 말하는가? 그들은 그대와 다른 존재가 아니다. 그대와 똑같은 사람이지만 그들은 내면의 신성을, 아버지를, 본성을 깨달은 사람을 말한다. 예수는 그들 가운데 누군가가 그대에게 와서 그대가 '이미 가지고 있는 것을 그대에게 줄 것이라고 말하고 있다. 여기서 '준다'는 표현을 사용하고 있지만 사실 그것은 주고받을 수 있는 것이 아니다. 그대가 이미 가지고 있는 것을 어떻게

줄 수 있겠는가? 따라서 여기서 '준다'는 것은 그대가 이미 가지고 있는 본성을 깨닫게 해줄 것이라는 뜻이다.

그대 또한 천사들과 예언자들이 가지고 있는 것과 똑같은 신성을, 본성을 날 때부터 타고났으나, 그대는 아직 그것을 깨닫지 못하고 있다. 그런데 어느 날 본성을 먼저 깨달은 선지자가 나타나서 그대의 본성이 무엇인지를 알게 해줄 것이라는 말이다.

> 그러면 너희도 이미 가지고 있는 것을 그들에게 주면서
> '언제 그들이 와서 그들의 것을 가져갈까?'라고
> 너희 자신에게 말하라.

이 문장에서의 '이미 가지고 있는 것'은 앞 문장에서와는 그 의미가 다르다. 아직 본성을 깨닫지 못한 상태에서 그대가 이미 가지고 있는 것은 무엇인가? 그것은 다름 아닌 본성에 대한 무지無知이며, 에고를 자신으로 아는 그릇된 앎이요 믿음이다. 따라서 이 말은 곧 그대가 본성을 깨닫게 될 때, 본성에 대한 무지가 사라진다는 것을 비유적으로 표현하고 있는 것이다.

그대가 본성을 깨닫게 될 때, 본성은 원래부터 있었던 것이며 그대 자신이 바로 그것임을 알게 된다. 그대가 이미 가지고 있는 것, 언제나 변함없이 한결같은 것, 단 일 초라도 그것으로부터 벗어난 적이 없는 그대 자신을 발견하라!

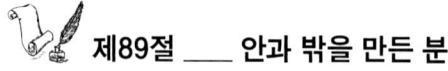

## 제89절 ____ 안과 밖을 만든 분

예수께서 말씀하셨다.

"너희는 왜 잔의 바깥만 닦는가?

안을 만든 분이 바깥을 만든 분이라는 것을 깨닫지 못하는가?"

\* \* \*

너희는 왜 잔의 바깥만 닦느냐?

마음에는 안과 바깥이 따로 없다. 오직 한바탕의 전일한 마음만이 있다. '겉'과 '속', '안'과 '밖'이라는 것이 따로 있는 것이 아니다. 개념으로 분별했을 때만 안과 밖으로 나뉘게 된다. 그러므로 생각이 없으면 안과 밖이 따로 없다. 여기서 예수는 사람들이 생각하듯이 "잔의 바깥만 닦지 말고 안도 닦아야만 한다."는 것을 말하고자 하는 것이 아니다.

안을 만든 분이 바깥을 만든 분이라는 것을 깨닫지 못하는가?

잔의 안을 만드신 이가 또한 바깥을 만드신 이라는 것은 안과 바깥의 근원이 같다는 말이다. 다시 말하면, 안과 바깥은 동일한 근원인 하나님, 즉 분별이 없는 마음 안에서는 다른 것이 아니라는 것을 말하고자 하는 것이다.

따라서 예수는 이렇게 말하고 있다.

"너희는 잔 하나도 안과 바깥으로 분별하여 어느 한쪽을 치중해서 그쪽만 닦고 있구나. 그러나 분별을 멈추면 안과 바깥이 다르지 않다. 너희가 하늘나라를 발견하기 위해서는 반드시 분별없는 마음을 깨달아야만 한다. 분별을, 생각을 따라가면 너희는 하나님과 분리되어 하늘나라를 발견할 수 없기 때문이다. 그런데 너희는 왜 그것을 깨닫지 못하느냐?"

## 제90절 ___ 나의 멍에는 가볍다

예수께서 말씀하셨다.

"내게로 오라.

나의 멍에는 가볍고, 나의 다스림은 온화하다.

너희는 자신을 위한 휴식을 얻게 되리라."

\* \* \*

그대는 왜 휴식하지 못하는가? 무엇이 그대의 두 어깨를 무겁게 짓누르고 있는가?

어이하여 그대는 근심과 걱정, 두려움과 불안에서 벗어나질 못하는가?

내게로 오라.

하나님을 깨달은 이로서, 그리스도로서 예수는 그대에게 말한다.

"그대여, 내게로 오라. 아버지에게로, 참나로 돌아오라. 고향을 잃어버리고 이국의 타향에서 떠도는 나그네의 삶을 그만 접고 이제 그만 집으로 돌아오라!"

지금 그대가 서 있는 곳은 그대가 있어야만 할 곳이 아니다. 그대는 지금 꿈속을 헤매고 있다. 그대가 편히 쉴 수 있는 곳은 진정한 그대 자신인 하나님의, 아버지의 품뿐이다. 이제라도 늦지 않았으니 주저하지 말고 내게로 돌아오라!

나의 멍에는 가볍고, 나의 다스림은 온화하다.
너희는 자신을 위한 휴식을 얻게 되리라.

아버지에게는 짊어져야만 할 짐이, 멍에가 없다. 어이하여 그러한가? 모든 짐과 멍에는 그대 스스로 만든 것이기 때문이다. 그대 자신이, 생각이 지어낸 에고가 그대의 짐이요 멍에다. 스스로 만들어서 짊어진 짐과 멍에로 인해 그대는 지금 고통을 받고 있다. 그러므로 그대가 나에게로, 하나님에게로 돌아오면, 진정한 자신을 발견하면 그대가 짊어지고 있는 모든 짐과 멍에는 아침 햇살을 받은 이슬처럼 사라진다. 그러니 나에게로 돌아오라!

"하나님에게는 폭군의 잔학한 다스림 또한 없다. 하나님에게는 다스릴 폭군도, 다스림을 받을 사람도 없기 때문이다. 그대가 편히 쉴 수 있는 피안의 세계는, 하늘나라는 진정한 그대 자신을 깨닫는 것뿐이다. 무거운 짐을 지고 힘들게 비탈길을 오르고 있는 그대여, 내게로 오라! 내가 그대를 편히 쉬게 하리니."

## 제91절 ___ 너희 앞의 사람을 알라

저희가 당신을 믿을 수 있도록
당신이 누구인지 말씀해 주십시오.

예수께서 그들에게 말씀하셨다.

"너희는 하늘과 땅의 얼굴은 분간하면서

너희 앞에 서있는 사람이 누구인지 알지 못하는구나.

그리고 너희는 이 순간을 읽을 줄도 모르는구나."

\* \* \*

〈도마복음〉에서 예수의 제자들은 거듭해서 예수에게 묻는다.

"당신은 도대체 누구십니까? 저희들은 도무지 당신이 누구인지 모르겠습니다. 당신은 선지자입니까, 예언자입니까, 아니면 하나님의 아들입니까?"

이같이 거듭되는 물음을 보면 도마를 제외한 대다수 제자는 여전히 예수의 진정한 정체가 무엇인지 알지 못하고 있음을 드러내고 있다.

저희가 당신을 믿을 수 있도록

당신이 누구인지 말씀해 주십시오.

제자들은 예수를 믿고 싶어 하지만 아직 예수가 누구인지, 무엇인지를 모른다. 어떤 것을 믿기 위해서는 우선 그것이 무엇인지를 알아야만 하지 않겠는가?

그래서 제자들은 거듭해서 예수에게 요청한다.

"저희들은 당신을 믿고자 합니다. 그러니 먼저 당신이 누구인지, 당신의 정체가 무엇인지 말씀해 주십시오."

사실 이 질문은 모든 의문에 대한 해답을 줄 수 있는 대단히 중요한 핵심적인 열쇠이다. 무엇 때문인가? 예수가 누구인지를 알면 제자들은 자신들 또한 누구인지를 알게 되며, 동시에 '지금 이 순간'에 대해서도 눈뜨게 되기 때문이다. 그래서 〈도마복음〉에서 제자들은 예수의 정체성에 대해 반복해서 질문하고 있다.

> 너희는 하늘과 땅의 얼굴은 분간하면서
> 너희 앞에 서 있는 사람이 누구인지 알지 못하는구나.
> 그리고 너희는 이 순간을 읽을 줄도 모르는구나.

예수는 누누이 말해주어도 핵심을 제대로 알아차리지 못하는 제자들을 안타까워하면서 말한다.

"너희는 무엇이 하늘이고 땅인 줄은 분간하면서도, 하늘과 땅처럼 눈앞에 명백하게 드러나 있는 진리 자체에 대해서는 알지 못하는구나. 나는 눈에 보이는 단순한 육신의 형상이 아니라, 길이요 진리요 생명이다. 너희가 눈앞에 서 있는 나의 진정한 정체를 알아보지 못하기 때문에 지금 이 순간 이미 드러나 있는 진리에 대해서도 알지 못하는 것이다."

진리는 이미 드러나 있다. 다른 누구도 아닌 그대가 이미 진리이다. 예수는 다만 진리인 그대 자신을 되돌아보게 하여 그대가 이미 진리임을 깨닫게 하기 위한 '거울'이고 '손가락'이다. 그러므로 예수가 무엇을 가리키고 있는지 잘 보라. 예수는 다른 누구도 아닌 그대 자신을 비추는 거울이다. 그대 자신의 진정한 정체를 알아차리면 예수가 누구인지 알게 되며, 동시에 모든 것을 알게 된다.

# 제92절 ___ 찾아라, 그러면 발견할 것이다

예수께서 말씀하셨다.

"찾아라, 그러면 발견할 것이다.

전에는 너희가 내게 물은 것에 대해 대답하지 않았다.

그러나 지금은 내가 그것을 말해 주려 하지만

너희가 그것을 찾지 않는구나."

\* \* \*

찾아라, 그러면 발견할 것이다.

자기 자신을 찾는 자는 사람에 따라 다소 시간의 차이는 있을지 몰라도 언젠가는 그것을 발견하게 되어 있다. 무엇 때문인가? 찾는 자가 바로 찾아지는 자이기 때문이다. 따라서 발심을 굳게 하고 포기하지 않는다면, 시절 인연을 만나게 되어 있고 그러면 머지않아 아버지 나라를, 하나님을 발견하게 된다.

전에는 너희가 내게 물은 것에 대해 대답하지 않았다.

예수는 왜 제자들의 질문에 대답하지 않았을까? 그것은 제자들이 아직은 비밀의 가르침을, 생각 이전의 소식을 수용하고 소화할 준비가 되어 있지 않았기 때문이다. 아직 준비가 안 된 제자들은 끝없이 생각 속에서 의문을 일으키고 그 의문을 충족시킬 다른 개념을 요구한다. 생각 이전의 본래 마음을 말해주어도 받아들이지 못한다. 그래서 예수는 도마와 같은 소수의 준비된 제자들에게만 생각 이전의 소식을 전수해 주었다. 그러나 대다수 제자가 에고의 호기심을 충족시키기 위해 하는 질문들에 대해서는 대답하지 않았다. 그들의 질문에 대답하는 것은 결국 에고만 강화시키기 때문이다. 그만큼 그들의 의식은 아직 생각 이전의 소식을 소화할 만큼 성숙하지 못했다.

> 그러나 지금은 내가 그것을 말해 주려 하지만
> 너희가 그것을 찾지 않는구나.

예수는 제자들에게 말한다.

"이제 너희들에게 생각 이전의 소식을, 아버지 나라에 대해 말해 주려 한다. 그러나 안타깝게도 이제 너희들이 그것을 찾지 않는구나. 아버지 나라를 목마르게 갈망하던 너희들의 절실함을 이제 찾을 수가 없구나."

'줄탁동시啐啄同時'란 고사성어가 있다. 닭이 알을 깔 때 알 속의 병아리가 껍질을 깨뜨리고 나오기 위하여 껍질 안에서 쪼는 것을 '줄'이라 하고, 어미 닭이 밖에서 쪼아 껍질을 깨뜨리는 것을 '탁'이라 한다. 이두 가지가 동시에 행해져야만 비로소 병아리는 알을 깨고 밖으로 나올 수가 있다. 병아리가 아직 준비되지 않았는데 어미 닭이 껍질을 쫀다고 해서 병아리가 밖으로 나올 수가 없다. 반대로 병아리가 아무리 밖으로 나오려고 해도 어미 닭이 밖에서 껍질을 쪼아주지 않으면 병아리는 알을 깨고 밖으로 나올 수가 없다.

이 공부 또한 마찬가지이다. 스승이 아무리 본성 자리를, 생각 이전의 소식을 알려주고자 해도 제자가 준비되지 않으면 공염불에 그칠수밖에 없다. 반대로 아무리 제자가 무르익어서 준비되었다고 할지라도 바른 방향을 일러줄 선지식을 만나지 못하면 아버지 나라를 발견하기란 낙타가 바늘구멍을 통과하는 것처럼 어렵다. 그래서 먼저 제자가 준비되었을 때 스승은 바른 방향만 일러주어도 제자는 쉽게 깨어날 수가 있다. 하지만 성마른 제자는 미처 준비되기도 전에 이전의 아버지 나라를 갈구하던 열정을 잃어버리고 만다.

예수는 줄탁동시의 타이밍을 제대로 맞추지 못하는 제자들의 성마름에 대해 이렇게 한탄하고 있는 것이다. 제자가 찾기를 멈추지 않아서 준비되면 스승은 반드시 나타나게 되어 있다. 그러므로 부디 중도에서 포기하지 말라.

찾아라! 그러면 발견할 것이다.


## 제93절 ___ 진주를 돼지에게 주지 말라

예수께서 말씀하셨다.
"신성한 것을 개에게 주지 말라.
개들이 그것을 거름더미 위로 던져버릴 것이다.
진주를 돼지에게 던져주지 말라.
돼지들이 그것을 진창 속에 던져 넣고 짓밟을 것이니."

\* \* \*


예수가 제자들에게 전해주고자 하는 핵심은 의미가 드러나 있는 가르침이 아니다. 아무런 의미가 없는 순수자각을 일깨우기 위한 것이다. 그렇기 때문에 예수는 어쩔 수 없이 비유를 사용하여 자신의 가르침을 펼 수밖에 없었다. 이는 제자들이 말의 드러난 의미를 좇아가서는 예수가 가리키고자 하는 바에 결코 도달할 수 없기 때문이었다. 다시 말하면, 예수의 가르침은 단순히 이해를 요구하는 가르침이 아니라 의식의 변화를, 존재의 변형을 수반해야만 그 본질에 도달할 수 있기 때문이다.

역사적으로 모든 종교에는 현교와 밀교가 함께 공존한다. 불교와 이슬람교, 유대교와 기독교에도 현교와 함께 밀교는 소수자 그룹을 통해 면면히 그 명맥을 이어왔고, 사람들은 밀교를 '신비주의'라는 이름으로 불러왔다. 그러나 불행히도 기독교는 예수의 가르침의 표면적인 말뜻을 좇아서 그것을 아전인수 격으로 해석해서 만들어낸 교리와 조직이 득세해서 주류로 자리를 잡게 됨으로써 종교전쟁과 마녀사냥 등 광기의 역사를 되풀이해 왔다.

예수는 이러한 위험성을 일찍이 예견했기 때문에 자신의 가르침의 비밀을, 아버지 나라에 도달할 수 있는 길을 소수의 준비된 제자들에게만 드러내 보여주었다. 그래서 예수는 62절에서 다음과 같이 말하고 있다.

"나는 나의 비밀을 알만한 자격이 있는 사람에게만 나의 비밀을 말한다. 너희 오른손이 하는 일을 왼손이 알지 못하게 하라."

예수는 아무에게나 자신의 비밀을 누설하지 말 것을 제자들에게 당부한다.

"나는 나의 가르침을, 아버지 나라의 비밀을 소화할 수 있을 만한 의식이 성숙한 사람에게만 그 신비를 드러낸다. 준비가 되지 못한 사람에게는 그것은 득이 되기보다는 오히려 해가 될 수도 있기 때문이다. 아버지 나라의 비밀을 알게 된 너희들도 아무에게나 비밀을 누설

하지 말라. 마치 오른손이 하는 일을 왼손이 모르게 하듯이 준비가
되지 않은 사람에게는 비밀을 전하지 말라."

신성한 것을 개에게 주지 말라.
개들이 그것을 거름더미 위로 던져버릴 것이다.
진주를 돼지에게 던져주지 말라.
돼지들이 그것을 진창 속에 던져 넣고 짓밟을 것이니.

"신성한 아버지 나라의 비밀을 아직 의식이 성숙하지 못한 사람들에
게 알려주지 말라. 그들은 그것을 이해하지도, 소화하지도 못할 것이
다. 그래서 그들은 그것을 곡해하고 왜곡해서 더럽힐 것이다."

보석의 가치를 모르는 돼지에게 진주를 던져줘 봐야 무엇 하겠는
가? 돼지들은 그것을 진창 속에 던져 넣고 짓밟을 것이다.

찾는 자는 발견할 것이다

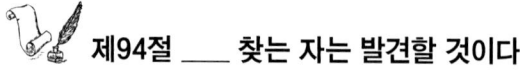

## 제94절 ___ 찾는 자는 발견할 것이다

예수께서 말씀하셨다.

"찾는 자는 발견할 것이다.

두드리는 자에게 문은 열릴 것이다."

\* \* \*

찾는 자는 발견할 것이다.


예수는 말한다.

"찾는 자는 발견할 것이다."

이 문장엔 목적어가 생략돼 있다. 무엇을 찾는 자가 무엇을 발견한다는 말인가? 찾는 대상은 아버지 나라요 하늘나라이다. 본래 마음이요 본성이요 진정한 그대이다.


두드리는 자에게 문은 열릴 것이다.


무엇을 두드린다는 말인가? 아버지 나라로 들어가는 문이다. '찾는자'와 '두드리는 자'는 표현은 다르지만, 동일하게 아버지 나라를 찾고 구하는 자를 가리킨다. 왜 찾고 두드리는 자는 아버지 나라를 발견할 수밖에 없는가? 그것은 이미 그대가 아버지 나라에 있기 때문이다. 그런데도 그대는 이 사실을, 자신이 이미 하늘나라에 있다는 것을 깨닫지 못했다.

그래서 그대는 아버지 나라를 찾아 나선다. 도대체 어디로 가야만편히 쉴 수 있는 아버지 나라를 찾을 수 있을까? 아버지 나라는 저 하늘 위에 있는가? 아니면 저 바닷속 깊은 곳에 있는가? 그도 아니면 눈이 덮인 저 히말라야의 산 정상에 있는가? 도대체 알 수가 없다. 그래서 아버지 나라를 찾아서 불타는 사막을, 바람 부는 들판을, 온 세상을 뒤지고 다닌다.

아버지 나라를 찾아가는 길고도 험난한 여정 끝에 돈, 양식과 물도 떨어지고 지치고 기진맥진해 쓰러져서 모든 것을 포기하는 순간 그대는 알게 된다. 지금 그대가 있는 곳이 바로 아버지 나라라는 것을. 그대는 그때서야 모든 짐을 내려놓고 편히 쉴 수 있게 된다. 그러나 그대가 일생에 한 번은 모든 것을 포기하고서라도 맹렬하게 찾지 않으면, 아버지 나라를 발견할 수가 없다.

하지만 그대가 일단 아버지 나라를 찾기 시작했다면, 문을 두드리기 시작했다면, 끝까지 찾는 마음을 포기하지 않는다면 그대는 결코 실패할 수가 없다. 찾고 있는 그대가 찾는 그것이기 때문이다.

찾아라! 그러면 발견할 것이다. 두드려라! 그러면 열릴 것이다.

 **제95절 ___ 그냥 주라**

예수께서 말씀하셨다.

"만일 너희가 돈이 있다면

이자를 쳐서 빌려주지 말라.

오히려 그 돈을 돌려받지 못할 사람에게 주라."

* * *

돈이란 무엇인가? 어떤 재화의 가치를 수치로 나타낸 것이다. 따라서 돈이라는 것 또한 개념의 범주를 넘어서지 못한다. 인류 역사상 화폐가 출현함으로써 재화의 축적이 가능해졌고, 화폐제도를 통해 축적된 재화는 자본이라는 이름으로 잉여 이익을 창출하는 수단이 되었다. 그리하여 자본주의라는 이름의 지금과 같은 경제체제가 생겨났는데, 이는 어디까지나 에고 중심의 욕망을 기반으로 하고 있다. 그렇지만 생각과 분별이 없으면 '나'도 없을 뿐만 아니라, '내 것' 또한 없다. '내'가 없는데 어떻게 '내 것'이 있을 수 있겠는가?

만일 너희가 돈이 있다면
이자를 쳐서 빌려주지 말라.

예수는 말한다.

"만일 너희에게 돈이 있다면, 정녕 그것은 너희의 소유가 아니다. '내 돈'이라는 것은 다만 너희의 생각일 뿐이다. 그 돈은 인연에 의해 잠시 그대에게 맡겨진 것뿐이다. 따라서 어떤 궁핍한 이가 물질적인 도움을 필요로 한다면 이자를 받을 요량으로 돈을 빌려주지 말라."

오히려 그 돈을 돌려받지 못할 사람에게 주라.

"오히려 그 돈을 되돌려 받지 못할 사람에게 주라. 빌려준 돈을 돌려받겠다는 생각 없이 줄 뿐만 아니라, 나아가 그 사람에게 돈을 빌려준다는 생각조차도 없이 주라. 왜냐하면, 그 돈은 애당초 '너희 것'이 아니기 때문이다."

돈은 일종의 순환하는 에너지와 같다. 물과 에너지는 높은 곳에서 낮은 곳으로 흐른다. 돈도 풍족한 곳에서 부족한 곳으로 끊임없이 흘러야만 모두가 풍요롭게 살 수 있는 세상이 될 수가 있다. 지금 인류가 당면하고 있는 궁핍은 재화의 부족에서 비롯된 것이 아니라 분배의 불균형에 의해 빚어진 것이다.

무엇이 돈의 흐름을 막아서 분배의 불균형을 초래하고 있는가? '나'라는 생각, 즉 에고가 그 원흉이다. 에고 때문에 '내 것'을 더 많이 가지려 하고 '나'를 위해 끝없이 축적하려 하기 때문이다. 그러므로 다 같이 풍요로운 세상을 위해서 필요한 것은 다만 이것뿐이다. 그대의 관점을 '소유'에서 '삶'으로 전환하는 것이다. 소유는 개념에 불과하지만 삶은 단지 존재 그 자체이며, 개념 이전이다. '나' 아닌 것이 없으면, '나' 또한 존재할 수 없다는 사실을 자각하라.

### 제96절 ___ 아버지 나라는 효모와 같다

예수께서 말씀하셨다.

"아버지 나라는 어떤 여자와 같다.

그 여자는 작은 효모 한 조각을 가루 반죽 속에 넣어

그것을 큰 빵 덩어리로 만들었다.

귀 있는 자는 들어라."

\* \* \*

아버지 나라는 어떤 여자와 같다.

그 여자는 작은 효모 한 조각을 가루 반죽 속에 넣어

그것을 큰 빵 덩어리로 만들었다.

귀 있는 자는 들어라.

〈도마복음〉에서 반복해서 나오는 아버지 나라에 대한 비유에서 볼 수 있는 예수의 독특한 화법에 대해 주목해 보자. 여기서 '아버지 나라는 어떤 여자와 같다.'는 말은 어떤 여자가 행하는 행위 속에 아버지 나라를 발견할 수 있는 힌트가 있다는 말과도 같다. 따라서 예수의 말씀 속에서 그가 말하고자 하는 힌트를 파악해 아버지 나라를 발견하는 데 있어 유용하게 사용하라는 뜻이다.

예수는 말한다.

"아버지 나라는, 우리의 본성은 효모와도 같다. 효모는 아주 작은 가루에 지나지 않지만, 그것을 밀가루 반죽 속에 넣어서 오븐에 구우면 반죽을 부풀게 해서 커다란 빵 덩어리가 되게 한다. 그래서 많은 사람이 먹을 수 있는 일용할 양식이 된다.

이와 마찬가지로 너희 안에는 너희를 살아있게 하는 효모와 같은 본래부터의 성품이 있다. 그것이 생명이요 아버지이니 그것을 발견하라."

효모는 빵과 맥주, 포도주 등을 만드는 데 사용되는 미생물이다. 곰팡이나 버섯 무리의 단세포 생물이지만 당을 발효시켜 에탄올과 이산화탄소를 생산하는 성질이 있기 때문에 맥주의 제조나 빵의 발효에 이용된다. 효모는 눈에 보이지 않을 정도로 작지만 살아있는 생명이다. 따라서 여기서 예수가 말하고 있는 효모는 살아있는 생명을 상징한다.

빵을 구울 때, 밀가루 반죽에 효모를 넣지 않으면 제대로 부풀지 않아서 커다란 빵이 되지 않는다. 마찬가지로 모든 생명체에는 그것을 살아있게 만드는, 눈에 보이지 않는 성품이 있다. 그것을 우리는 생명이라고 부른다. 마치 효모가 없으면 빵이 만들어지지 않는 것처럼, 어떤 생명체에도 생명이 없다면 그것은 단지 원소의 집합에 지나지 않기 때문에 그것은 죽은 것이다. 그러므로 그대 안에서 효모와도 같은, 그대를 살아있게 하는 생명의 본질을 발견하라. 그것이 진정한 그대이며, 또한 아버지이기도 하다.

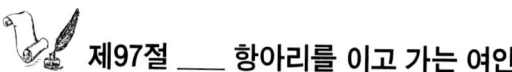 **제97절 ___ 항아리를 이고 가는 여인**

예수께서 말씀하셨다.
"아버지의 나라는 음식이 가득 담긴 항아리를 이고 가는 한 여인과 같다.
먼 길을 걸어 집으로 가고 있는 동안 항아리의 손잡이가 깨져
음식이 그녀 등 뒤로 길 위에 쏟아졌지만, 그녀는 알지 못했다.
그녀가 집에 도착해 항아리를 내려놓고서야
비로소 항아리가 텅 비었음을 알았다."

\* \* \*

예수는 뜬금없는 이 비유를 통해 무엇을 말하고자 하는가?

아버지의 나라는 음식이 가득 담긴 항아리를 이고 가는
한 여인과 같다.

여기서의 '한 여인'은 집으로, 아버지 나라로 돌아가고자 하는 모든 사람들이기도 하면서 동시에 그대이기도 하다. '집으로 가는 먼 길은

그대의 본래의 집인 본래 마음, 예수의 표현을 빌리면 아버지 나라로 가는 길이다. 여인이 음식이 가득 담긴 항아리를 머리에 이고 집으로 가는 길은 곧 깨달음을 향한 구도의 여정을 상징한다.

그러면 '음식이 가득 담긴 항아리'는 무엇을 가리키고 있을까? 여기서의 항아리는 '마음'이며, 음식은 '생각과 관념'을 비유해서 말하고 있다. 그러므로 '음식이 가득 담긴 항아리'는 '생각과 관념으로 가득 찬 마음'을 말한다. 여인은 생각과 관념으로 가득 찬 마음으로 참나 깨달음을 향한 구도의 길에 나선다.

> 먼 길을 걸어 집으로 가고 있는 동안 항아리의 손잡이가 깨져
> 음식이 그녀 등 뒤로 길 위에 쏟아졌지만, 그녀는 알지 못했다.

'항아리의 손잡이'는 항아리를 들어 올리는데 가장 요긴한 것으로 항아리가 마음을 비유함을 감안하면 '에고'를 상징한다고 볼 수가 있다. 먼 길을 가고 있는 동안 '항아리의 손잡이가 깨졌다'는 것은 구도의 과정에서 에고가 내려놓아지는 과정을 비유적으로 표현하고 있다. '음식이 그녀 등 뒤로 길 위에 쏟아졌다'는 것은 에고가 사라져 가면서 그와 비례해서 생각과 관념은 점점 줄어 들어가는 과정을 말한다.

> 그녀가 집에 도착해 항아리를 내려놓고서야
> 비로소 항아리가 텅 비었음을 알았다.

여인은 본래의 집인 아버지 나라에 도착해서 항아리를 내려놓았다. 그때, 항아리, 즉 마음은 생각과 관념의 집합일 뿐이라는 것을 알았

다. 그 많던 마음속의 생각과 관념들이 텅 비어버렸음을 깨달았던 것이다.

본성을, 참나를 깨닫게 되면 생각은 현저히 줄어들고 생각이 일어나더라도 생각과의 동일시에서 벗어나게 된다. 깨닫기 이전에는 생각의 하인 노릇을 하고 살았다면, 이후에는 생각의 주인으로 생각을 자유롭게 쓰면서 살아갈 수가 있게 된다. 그대는 비로소 본래의 집인 아버지의 나라에 돌아와 무거운 짐인 항아리를, 마음을 내려놓고 편히 쉴 수 있게 된다.

## 제98절 ___ 힘센 자를 베려면

예수께서 말씀하셨다.
"아버지의 나라는 힘센 자를 죽이려는 어떤 사람과 같다.
그는 자신의 집에서 칼을 뽑아들고
손을 어떻게 사용해야 할지 알아보려고
칼로 벽을 찔러보았다.
그러고 나서 그는 힘센 자를 베었다."

\* \* \*

예수는 도대체 무엇을 이야기하려고 이런 비유를 들고 있는가? 머리를 아무리 굴려도, 이리 끼워 맞추고 저리 끼워 맞춰도 예수가 도대체 무엇을 가리키고자 이런 비유를 들었는지 짐작하기가 어렵다. 그러나 이 비유 또한 마음공부 과정에서 본래 마음(아버지 나라)의 발견과정을 표현한 것임을 눈치를 챘다면 어렵지 않게 예수가 말하고자 한 본지를 파악할 수가 있다.

> 아버지 나라는 힘센 사람을 죽이려는 어떤 사람과 같다.

예수는 이 절에서도 일관되게 아버지 나라를 발견하는 과정에 대해서 비유를 통해 이야기하고 있다. 여기서 '힘센 사람을 죽이려는 어떤 사람'은 아버지 나라를 발견하고자 하는 사람을 가리킨다. 그러면 이 문장 속에서의 '힘센 사람'은 누구인가? 그는 아버지 나라를 발견하지 못하게 가로막고 있는 방해자이다. 그를 없애지 못하면 아버지 나라를 발견할 수가 없다. 그런데 그는 너무나 힘이 막강하여 좀처럼 제거하기가 어렵다. 그대가 본래 마음을, 참나를 발견하는 데 있는 걸림돌이 되는 가장 강력한 장애물은 무엇인가? 그것은 바로 '나'라는 생각, 즉 에고이다.

> 그는 자신의 집에서 칼을 뽑아들고
> 손을 어떻게 사용해야 할지 알아보려고
> 칼로 벽을 찔러보았다.

아버지 나라를 발견하고자 하는 그는 에고가 너무도 힘이 강력하기 때문에 에고를 직접 칼로 찌르지 않고 우회전술을 쓴다. 자기 집에서 칼을 뽑아 벽을 찌른 것이다. 여기서 '벽'이란 무엇인가? 벽 또한 아버지 나라를 발견하는 길을 가로막고 있는 장애물이다.

그런데 여기에서 주목해야만 할 것은 '힘센 사람'과 '벽'과의 관계이다. 도대체 '힘센 사람'과 '벽'과는 어떤 관계에 있기에 그를 죽이기 위해 벽을 칼로 찔렀는가? 이 둘 사이의 관계를 파악하지 못하면 이 비유가 가리키는 바를 알 수가 없다. '힘센 사람'은 인식에서의 주관을, '벽'은 객관을 가리킨다.

우리가 대상을 인식할 때, 주관과 객관은 언제나 동시에 일어난다. 주관이 없으면 객관을 인식할 수 없기 때문이다. 따라서 역으로 객관을 제거하면 주관은 저절로 사라진다. 인식과정에서 생겨나는 주체가 바로 에고이다.

그러고 나서 그는 그 힘센 사람을 베었다.

사실 벽을 칼로 찌른 후에는 구태여 힘센 사람을 죽일 필요가 없다. 객관이 사라지면 주관 또한 동시에 저절로 사라지기 때문이다. 객관과 주관이 사라지고 나면 남는 것은 무엇인가? 남는 것은 본성이요 본래 마음이다. 그대는 곧바로 아버지 나라를 발견할 수 있다.

주관과 객관의 분리를 일으켜 그대로 하여금 아버지 나라를 보지 못하게 만드는 것은 무엇인가? 그것은 생각이다. 그러면 하늘나라는 어디에 있는가? 생각이 일어나고 사라지는 바로 그곳이다. 생각 이전의 아버지 나라를 깨달아 생각과 동일시되지 않는 분별없는 마음이 그대가 애타게 갈구하고 있는 하늘나라이다.

찾아라! 그러면 발견할 것이다.

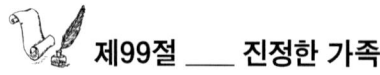

## 제99절 ___ 진정한 가족

제자들이 예수께 말했다.

"당신의 형제들과 어머니가 문밖에 서 있습니다."


예수께서 그들에게 말했다.

"내 아버지가 뜻하시는 바대로 행하는 이들이

나의 형제요 어머니다.

그들이 내 아버지 나라에 들어갈 사람들이다."

* * *

당신의 형제들과 어머니가 문밖에 서 있습니다.


예수가 제자들을 상대로 가르침을 펴고 있을 때였다. 제자들이 예수께 말한다.

"선생님, 당신의 친형제와 친어머니가 당신을 만나러 와서 지금 문밖에 서 있습니다. 그들을 보러 나가봐야 하지 않겠습니까?"


내 아버지가 뜻하시는 바대로 행하는 이들이

나의 형제요 어머니다.

그들이 내 아버지 나라에 들어갈 사람들이다.


그러자 예수는 형제와 어머니를 만나러 문을 열고 나갈 생각을 하지 않고 쌀쌀맞게 대답한다.

"누가 나의 형제요 나의 어머니인가? 육친이라고 해서 나의 진정한 형제요 어머니가 아니다. 참 생명인 아버지를 깨달아 아버지가 뜻하시는 바대로 행하는 이들이 진정한 나의 형제요 어머니이다. 그들이 내 아버지 나라로 들어갈 사람들이기 때문이다.”

예수는 이 일화를 통해 육신으로서가 아니라, 영으로 거듭난 사람만이 자신의 형제요 가족이 될 수 있다는 것을 제자들에게 직접 보여주고 있다. 그뿐만 아니라, 예수는 이 말씀을 통해 자신의 참된 정체성을 육신이 아니라 영에 두고 있음을 분명하게 드러내고 있다.

## 제100절 ___ 황제의 것은 황제에게

제자들이 예수께 금화 한 닢을 보여주며 말했다.
“로마 황제의 사람들이 저희에게 세금을 요구합니다.”

예수께서 그들에게 말했다.
“로마 황제에게 속한 것은 로마 황제에게 주고
신의 것은 신에게,
나의 것은 나에게 달라.”

\* \* \*

로마 황제의 사람들이 우리에게 세금을 요구합니다.

제자들이 예수께 와서 로마 황제의 얼굴이 새겨진 금화 한 닢을 보이며 말했다.
“선생님, 로마 황제의 녹을 먹는 사람들이 우리에게 세금을 내놓으라고 요구합니다. 어떻게 하면 좋을까요? 그들에게 세금을 바쳐야만 합니까, 아니면 거부해야만 합니까?"

제자들의 이 질문에 대한 대답은 예수의 가르침이 진정으로 무엇을 지향하고 있는지 알 수 있게 하는 시금석이다. 이 질문을 통해 우리는 예수의 진정한 의중을 알 수 있기 때문이다. 예수는 과연 당시 일부 사람들이 의심했듯이 세속적인 권력을 쟁취해서 유대 왕이 되고자 했는가? 그는 세속 정치체제의 변혁을 도모했는가?

로마 황제는 그 당시 유대 땅을 식민지로 삼아서 통치하고 있던 세속적인 권력의 정점에 있다. 따라서 예수가 만약 세금을 황제에게 바치지 말라고 했다면, 그것은 당시 로마 황제의 지배체제를 정면으로 부정하는 것이 된다. 그것은 예수가 세속적 정치에 관여하겠다는 의지로 해석될 수가 있다.

> 로마 황제에게 속한 것은 로마 황제에게 주고
> 신의 것은 신에게,
> 나의 것은 나에게 달라.

그러나 예수는 그렇게 대답하지 하지 않았다. 제자들로부터 동전을 받아서 도리어 그들에게 보여주며 말한다.

"동전에 새겨진 이 초상과 글자가 누구의 것이냐?"

그러자 제자들이 대답했다.

"로마 황제의 것입니다."

예수가 되받아서 제자들에게 말했다.

"로마 황제의 것은 황제에게 주고, 야훼 신의 것은 신에게 주고, 나의 것은 나에게 달라."

'로마 황제의 것'은 세속적인 권력을 의미하며, '야훼 신의 것'은 바리새파를 비롯한 그 당시 유대민족이 믿고 있던 전통적인 유대교를 가리킨다. 예수는 이 대답을 통해 자신은 세속적인 권력이나 전통적인 종교인 유대교를 지향하고 있지 않음을 분명히 드러내고 있다. 그러면 예수가 말하는 '나의 것'은 무엇인가? 예수는 무엇을 지향하고자 했는가? 예수가 말하는 '나의 것'이란 하나님을 믿는 것이 아니라 하나님을 만나는 일이다. 사람들로 하여금 내면의 하나님을 깨우치게 해서 하늘나라에 살게 하는 일이다.

인류 역사상 지금까지 수많은 혁명이 있었다. 그러나 그 혁명들은 세속적인 정치권력의 교체에 그치거나 아니면 사회체제의 변혁에 머물고 말았기 때문에 실패할 수밖에 없었다. 그것은 아무리 이상적이고 바람직한 체제를 도입했다 하더라도 그것을 운용하는 사람의 의식은 바뀌지 않고 여전히 에고의 차원에서 머물고 있었기 때문이다. 이 때문에 사회주의와 공산주의 혁명도 모두 실패로 끝났음을 역사가 입증하고 있다.

깨어난 의식인 예수는 의식이 변화하지 않으면 어떤 것도 궁극적으로 바뀌지 않는다는 것을 잘 알고 있었다. 그래서는 세속적 정치에도, 세속적인 종교에도 전혀 관심이 없었다. 이 모두가 의식이 꾸는 꿈속의 일이며, 오직 의식이 꿈에서 깨어날 때만이 인간 삶에 진정한 변화가 도래한다는 것을 예수는 알고 있었다. 개아個我적 차원에서 머물고 있는 인간 의식이 분별심의 좁은 울타리를 허물고 전체의식으로 확장될 때만이 진정한 혁명이 완수될 수 있음을 예수는 알고 있었기 때문이다.

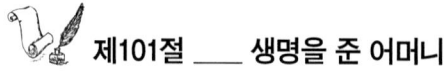

## 제101절 ___ 생명을 준 어머니

"나처럼 자신의 아버지와 어머니를 미워하지 않는 사람은

나의 제자가 될 수 없다.

나처럼 자기 아버지와 어머니를 사랑하지 않는 자도

나의 제자가 될 수 없다.

왜냐하면, 나의 어머니는 내게 [거짓을] 주었으나

나의 진정한 어머니는 내게 생명을 주었기 때문이다."

\* \* \*

나처럼 자신의 아버지와 어머니를 미워하지 않는 사람은

나의 제자가 될 수 없다.

예수는 제자들에게 왜 아버지와 어머니를 미워하지 않는 사람은 자신의 제자가 될 수 없다고 말하는가? 예수의 말대로라면 부모에게 불효하는 사람만 예수의 제자가 될 수 있다는 말인가? 이 구절에서 아버지와 어머니는 자신을 낳아준 육친으로서의 부모를 가리키고 있다. 그런데 왜 육친을 미워하지 않으면 안 된다는 말인가? 이에 대한 답은 마지막 구절에 나와 있다.

나처럼 자기 아버지와 어머니를 사랑하지 않는 자도

나의 제자가 될 수 없다.

이 구절에서의 '아버지와 어머니'는 육친으로서의 부모가 아니다. 어기서의 아버지와 어머니는 영적인 부모, 즉 전체 생명을 가리킨다. 따라서 예수는 이렇게 말하고 있다.

"나처럼 영적인 부모인 전체 생명을 사랑하지 않는 사람은 나의 제자가 될 수 없다."

> 왜냐하면, 나의 어머니는 내게 [거짓을] 주었으나
> 나의 진정한 어머니는 내게 생명을 주었기 때문이다.

"육친으로서의 어머니는 내게 죽어서 없어질 허상인 육체를 주었지만, 나의 진정한 영적인 어머니는 내게 영원한 생명을 주었기 때문이다."

육친으로서의 부모는 내게 '거짓'을 주었다. 여기서 거짓이란 무엇을 가리키는가? 거짓이란 몸을 지칭한다. 몸은 반드시 소멸할 운명을 지니고 있기 때문에 영원하지 못한 것이며, 따라서 거짓된 것이다. 그래서 예수는 육신을 준 부모를 미워하지 않으면 안 된다고 말하고 있는 것이다. 육친과는 다르게 사랑하지 않으면 안 되는 부모는 누구인가? 이 물음에 대한 답 또한 마지막 구절에 나와 있다. 그들은 내게 생명을 준 진정한 부모이기 때문이다.

내게 생명을 준 진정한 부모는 누구인가? 예수가 말하는 아버지요, 참나이다. 그러므로 예수는 육친으로서의 부모를 사랑하는 사람이 아니라, 생명을 준 영적인 부모를 사랑하는 사람만이 자신의 제자가 될 수 있다고 제자들에게 가르치고 있다.

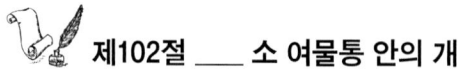

## 제102절 ___ 소 여물통 안의 개

바리새인들에게 화가 있을 것이다.

그들은 소 여물통 안에서 잠자는 개와 같다.

자신이 먹지 않으면서

소들도 먹지 못하게 하기 때문이다.

\* \* \*

바리새인들에게 화가 있을 것이다.

그들은 소 여물통 안에서 잠자는 개와 같다.

자신이 먹지 않으면서

소들도 먹지 못하게 하기 때문이다.

39절에서도 예수는 "바리새인들과 학자들이 깨달음에 이르는 열쇠를 취하여 감추었다. 그들은 자신들도 하늘나라에 들어가지 않으면서 들어가기를 원하는 자들도 들어가지 못하게 했다."며 바리새인들을 호되게 질타하고 있다. 이 절에서도 예수는 "바리새인들은 소 여물통 안에서 잠자는 개와 같다."며 당시 널리 유행하던 속담을 인용해 그들에게 저주를 내리고 있다.

개가 소 여물통 안에 잠을 자게 되면, 당연히 소들은 여물을 먹지 못할 것이다. 자신은 여물을 먹지 않으면서 소들도 여물을 먹지 못하게 하는 개는 자신들은 아버지를 깨달아 하늘나라에 들려고 하지 않으면서, 다른 사람들도 하늘나라에 들지 못하게 막는 바리새인들의 행태를 빗대어 비판한 것이다.

그러면 예수는 왜 바리새인들을 겨냥해 이렇게 호되게 비판하고 있

는 것일까? 바리새인들은 문자 그대로의 유대 율법을 신성시하면서
거기서 벗어나는 것은 무조건 배척하는 엄격한 형식주의와 극단적인
분리주의, 그리고 자신들만을 율법의 수호자로 자처하는 권위주의적
인 특권 의식에 젖어 있었다. 그래서 그들은 율법에서 조금이라도 어
긋나는 것은 이단시하면서 배척하는 성향을 갖고 있었다.

이른바 율법이란 무엇인가? 그것은 대대로 전해져오는 종교적인 개
념이자 관념이다. 그러나 예수가 전파하고자 하는 하늘나라의 복음은
사람들을 관념의 올가미에서 해방시키는 가르침이다. 따라서 누구든
지 내면의 하늘나라를 발견하기 위해서 우선 자신이 믿고 있는 고정
관념을 버려야만 한다. 그런데 바리새인들은 율법이라는 명목으로 고
정관념을 오히려 강화시키는 일에 진력하는 사람들이다. 따라서 예수
와 바리새인들은 서로 양립할 수 없는 대척점에 서 있었다.

예수의 입장에서는 바리새인들의 율법주의는 하늘나라의 복음을
전파하는데 있어 걸림돌이 아닐 수 없었다. 그래서 예수는 기회 있을
때마다 바리새인들을 비판하고 있다. 그들은 하늘나라로 들어가는 열
쇠를 감추거나 자신들도 깨닫고자 하는 마음을 내지 않을 뿐만 아니
라 다른 사람들이 깨달음으로 가는 길마저도 막고 있는 방해꾼들이
라고 질타하고 있는 것이다.

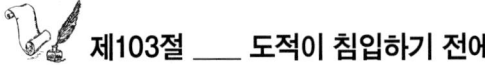

## 제103절 ___ 도적이 침입하기 전에

예수께서 말씀하셨다.

"도적들이 어디로 들어올지 아는 사람은 행복하다.

그는 일어나 사람들을 모아

도적들이 침입하기 전에 방비할 수 있기 때문이다."

* * *

공관복음서인 〈마태복음〉을 보면 다음과 같은 구절이 나온다.

제자들이 예수께 가까이 와서 "저 사람들에게는 왜 비유로 말씀하십니까?"라고 묻자 예수께서 이렇게 대답하셨다.

"너희는 하늘나라의 신비를 알 수 있는 특권을 받았지만 다른 사람들은 받지 못하였다. 가진 사람은 더 받아 넉넉하게 되겠지만 못 가진 사람은 그 가진 것마저 빼앗길 것이다. 내가 그들에게 비유로 말하는 이유는 그들이 보아도 보지 못하고 들어도 듣지 못하고 깨닫지도 못하기 때문이다." (마태복음 13:10~13)

예수는 도마와 같이 하늘나라의 신비를 볼 수 있는 안목이 열린 소수의 제자에게는 직접 말했지만 그렇지 못한 사람들에게는 비유로 이야기했다. 그들은 아직 진리를 보는 눈이 열리지 않아서 보아도 보지 못하고 들어도 듣지 못하기 때문에 비유로 말한다는 것이 예수의 설명이다. 그러므로 〈도마복음〉을 읽을 때도 예수는 언제나 마음에 대해 비유로 이야기하고 있다는 것을 염두에 두면 훨씬 이해하기가 쉬워진다.

도적들이 어디로 들어올지 아는 사람은 행복하다.

그는 일어나 사람들을 모아

도적들이 침입하기 전에 방비할 수 있기 때문이다.

여기서 예수가 말하는 '도적'이란 구체적으로 무엇을 가리킬까? 그대로 하여금 마음을 편히 쉬게 하지 못하게 하고 산란하게 해서 번뇌에 사로잡히게 하는 것은 무엇인가? 그것은 생각이다. 예수는 생각을 도적에 비유해서 말하고 있다. 그렇다고 해서 모든 생각이 다 도적인 것은 아니다. 그렇다면 어떤 경우에 생각은 도둑이 되는가? 어떤 생각이라도 생각과 동일시되어 끌려갈 때, 그것은 도둑이 된다.

그러면 그대는 무엇 때문에 생각과 동일시되어 생각에 끌려가는가? 그것은 생각이 생각임을 알아차리지 못하기 때문이다. 그러면 누가, 무엇이 생각을 알아차리는가? 어떤 생각이 일어나더라도 단순히 그 생각을 알아차리는 보이지 않는 의식이 본성이다. 예수는 그것을 '아버지'라고 불렀다. 예수의 이 비유에서는 도적이 들어올지를 미리 알고 방비하는 주인이 바로 본성이다.

어떻게 하는 것이 도둑이 들어올지를 미리 알고 방비하는 것인가? 다른 방법은 없다. 생각 이전의 마음자리, 본성을 반드시 스스로 확인해야만 한다. 그래야만 본성이 각성하여 스스로를 자각할 수 있게 되며, 본성에 대한 자각이 있으면 생각이 일어나더라도 생각과 동일시되어 끌려가지 않게 된다. "그는 일어나 사람들을 모아 도적이 침입하기 전에 방비할 수 있다"는 것은 간단하게 표현하면 "생각과 동일시되지 않고 깨어있을 수 있다"는 말이다.

복음서 전반에서 예수는 제자들에게 누차에 걸쳐서 깨어있으라고 주문한다. 그러나 제자들은 번번이 이와 같은 예수의 당부를 제대로 지키지 못한다. 겟세마네 동산에 올라 홀로 기도에 들어가기 전에도 예수는 제자들에게 깨어있으라고 당부했지만, 예수가 기도하고 내려와 보니 제자들은 다시 코를 골며 자고 있었다. 여기서 '잠이 든다'는 것은 생각과 동일시됨을 비유적으로 표현한 것이다.

"생각과 동일시되지 않아 망상에 빠지지 않는 자는 행복하다. 그는 본성을, 생각 이전의 '아버지'를 자각함으로써 생각과 동일시되지 않고 깨어있을 수 있기 때문이다."

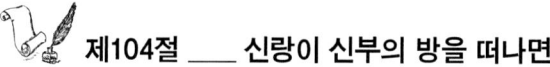

## 제104절 ___ 신랑이 신부의 방을 떠나면

제자들이 예수께 말했다.

"오셔서 저희와 함께 오늘 기도하고 금식하소서."

예수께서 말씀하셨다.

"내가 무슨 죄를 지었는가?

아니면 어디서 내가 패배했는가?

그러나 신랑이 신부의 방을 떠나면

그들이 금식하고 기도하게 하라."

\* \* \*

겉으로만 보면 이 절 또한 무슨 말을 하는지 도대체 알기 어려운 수수께끼 같이 느껴질 것이다. 제자들이 예수에게 기도하고 금식할 것을 권유하지만, 예수는 이를 거부하고 그들에게 상식적으로 이해할 수 없는 뜻 모를 말을 하고 있다. 예수 말씀의 진정한 의미를 파악하려면 먼저 금식과 기도가 어떤 연유로 종교적 행위가 되었는지 그 유래를 알아야만 한다. 유대교와 기독교, 이슬람교, 힌두교와 불교 등 대부분 종교에서는 금식을 권장할 뿐만 아니라 일정한 기간을 정하여 한시적으로 금식할 것을 종교인의 의무로서 규정하고 있다. 그러면 금식, 즉 일정 기간 동안 음식물의 섭취를 중단하는 것이 왜 종교적 행위가 되었을까?

금식은 식량을 아끼기 위함도 아니요, 고행을 위한 방편도 아니다. 금식의 실질적인 목적은 치성하게 일어나는 생각을 줄이기 위함이며, 따라서 마음공부를 위한 하나의 방편이다. 음식물의 섭취를 그만두게 되면, 에너지 공급이 서서히 줄어듦에 따라 인체의 대사활동이 느려지게 되고 결과적으로 생각 또한 줄어들게 된다. 왜냐하면, 생각이 일어나는 것은 인체의 에너지 작용의 결과이기 때문이다. 그래서 금식하면 생각이 줄어들어 마음이 고요해진다. 생각이 줄어들면 하나님을 만날 가능성이 더욱 커진다.

이 같은 이유 때문에 거의 세상의 모든 종교에서는 금식을 권장하고 있는 것이다.

그러나 세월이 흐르면서 이 같은 본래의 목적은 잊혀지고 금식은 단지 하나의 형식적인 종교적 의례 행위로 굳어져 버렸다.

기도란 또 무엇인가? 기도는 절대자에게 자신이 바라는 바를 들어달라고 애원하고 구걸하는 행위가 아니다. 진정한 기도란 생각을 내려놓음으로써 참나와, 하나님과 하나가 되는 구도 행위이다. 그러나 금식과 기도의 진정한 의미는 모르는 채 바리새인들처럼 유대교 형식주의에 매몰돼 맹목적으로 금식과 기도를 행하고자 하는 제자들을 예수는 나무라고 있다.

오셔서 오늘 저희들과 함께 기도하고 금식하소서.

제자들이 예수에게 청한다.

"선생님, 오셔서 저희들과 함께 기도하고 금식하는 것은 어떻겠습니까?"

내가 무슨 죄를 지었는가?

아니면 어디서 내가 패배했는가?

예수는 그들에게 도리어 묻는다.

"내가 무슨 죄를 지었는가? 아니면 무슨 이루지 못한 일이 있는가? 내가 왜 기도하고 금식을 해야만 하지? 나는 이미 아버지와 하나가 되어 하늘나라에 있으므로 너희들처럼 기도하고 금식해야만 할 이유가 없다."

그러나 신랑이 신부의 방을 떠나면

그들이 금식하고 기도하게 하라.

'신랑이 신부의 방을 떠난다.'는 것은 무슨 말인가? 신랑이 신방에 들어 신부와 함께 있다가 신방을 떠난다는 말은 신랑과 신부가 하나가 된 합일의 상태에서 다시 둘로 분리된다는 말이다. 그러면 무엇이 합일이며, 무엇이 신랑과 신부를 다시 둘로 갈라놓는가? 합일이란 생각과의 동일시가 없는 무심無心의 상태를 가리키며, '신랑이 신부의 방을 떠난다.'는 것은 다시 동일시가 생겨나 마음이 주객의 둘로 나뉘게 된다는 것을 뜻한다.

예수는 제자들에게 말한다.

"생각 때문에 마음이 둘로 분리되어 이원화된 사람들에게 참된 기도와 금식이 필요하다. 그들로 하여금 형식적이고 의례적인 금식과 기도가 아닌, 무심의 진정한 금식과 기도를 하게 하라. 그리하여 그들로 하여금 다시 신방으로, 에고 이전의 본성으로 돌아가게 하라."

아버지 나라는 땅에 펼쳐져 있다

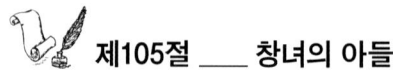

## 제105절 ___ 창녀의 아들

예수께서 말씀하셨다.

"아버지와 어머니를 아는 자는 창녀의 아들이라 불릴 것이다."

\* \* \*

아버지와 어머니를 아는 자는 창녀의 아들이라 불릴 것이다.

너무 단편적인 문구라서 예수의 이 말씀이 어떤 맥락에서 말해졌는지 알지 못하는 상태에서는 섣불리 그 의미를 예단하기가 어렵다. 그러나 고아가 아닌 다음에야 자신을 낳아준 아버지와 어머니를 모르는 사람이 어디 있겠는가? 그러므로 이 절에서의 '아버지'와 '어머니'는 세속의 육친으로서의 부모가 아닌 영적인 부모로 보는 것이 합당하다. 예수는 영적인 부모를, 전체 생명을 '아버지'라고 자주 언급하고 있다.

'아버지와 어머니를 아는 자'라는 것은 새롭게 영적인 부모를, 자신의 생명의 근원을 발견한 사람을 가리킨다. 육신을 낳아준 사람이 육친으로서의 부모라면 영적인 부모인 자기 생명의 근원을 발견한 사람은 영으로서 거듭나게 된다. 영으로 거듭난 사람은 이전의 육친으로서의 부모에 대해 겉으로 보기엔 다소 소원한 태도를 보이게 된다. 진정한 부모인 영적인 부모를 새롭게 알게 됐기 때문이다. 그래서 예수도 101절에서 다음과 같이 말하고 있다.

"나처럼 자신의 아버지와 어머니를 미워하지 않는 사람은 나의 제자가 될 수 없다.

나처럼 자기 아버지와 어머니를 사랑하지 않는 자도 나의 제자가 될 수 없다.

왜냐하면, 나의 어머니는 내게 거짓을 주었으나, 나의 진정한 어머니는 내게 생명을 주었기 때문이다."

그렇지만 영적으로 깨어나지 못한 세상 사람들은 육친을 소원하게 대하는 거듭난 사람들의 겉모습만 보고 그를 비난한다.

"저 친구는 자기를 낳아준 아버지, 어머니에게 쌀쌀맞게 대하는 것을 보니 부모도 모르는 불효자식이군!"

그래서 예수는 진정한 아버지, 어머니를 알게 되어 영적으로 거듭난 사람이 세상 사람들에 의해 창녀의 자식이라 불릴 것이라고 말하고 있는 것이다.

## 제106절 ___ 산이 옮겨갈 것이다

말씀하셨다.
"너희가 둘을 하나로 만들 때
사람의 아들이 될 것이다.
그때 너희가 '산이여, 옮겨가라!'고 말하면
산은 옮겨갈 것이다."

\* \* \*

너희가 둘을 하나로 만들 때
사람의 아들이 될 것이다.

예수는 제자들에게 말한다.
"너희가 에고의 분리의식에서 깨어나 전체의식인 아버지를 깨달을 때, 너희는 순수의식 자체인 그리스도가 될 것이다."

'둘을 하나로 만든다.'는 말은 무슨 뜻인가? 이원성은 생각에 의해 비롯되기 때문에 생각 이전의 본래 마음을 깨닫는 것이 곧 둘을 하나로 만드는 것이다. 여기서 한 가지 유념해야만 할 것이 있다. 사람들은 둘을 하나로 만드는 것, 즉 합일이라는 것을 분리된 두 개의 실체가 만나서 하나로 합쳐지는 것을 의미한다고 알고 있다. 그러나 실제로 우리의 의식에서 분리된 두 개의 실체는 존재하지 않는다. '나'라는 분리된 개체의식을 낳는 에고 또한 참나와 분리된 실체가 아니다. 그것은 생각과 동일시될 때 생겨나는 가상의 주체이며, 따라서 에고는 환영이고 그림자일 뿐이다.

그러므로 생각과의 동일시만 없으면 에고 또한 힘을 잃게 되며, 생각과의 동일시가 없는 상태가 바로 하나인 전체의식이다. 따라서 생각과의 동일시가 없는 상태가 합일의 상태이며, 특별하게 두 개의 분리된 의식이 만나서 하나가 되는 것이 아니다. 우리의 본성은, 순수의식은 언제나 합일된 상태에 있으며, 그것을 분리시키는 것은 언제나 생각이다.

그때 너희가 '산이여, 옮겨가라!'고 말하면
산은 옮겨갈 것이다."

예수의 이 말은 어디까지나 비유적으로 해석해야만 한다. 즉, 아버지를 깨달아서 참나와 하나가 되면, 그대가 산을 옮기는 기적을 행할 수 있다는 말이 아니다. 참나는 존재하는 모든 것의 근원이며, 무엇이든 될 수 있는 무한한 잠재성인 동시에 가능성이다. 따라서 존재하는 모든 것은 참나 아님이 없으며, 참나로 말미암지 않음이 없다.

그러므로 예수 말씀의 속뜻은 이러하다.

"너희가 아버지를 깨달아서 아버지와 하나가 될 때, 저기 보이는 산도 너희와 다른 것이 아니다. 그러므로 너희가 무엇인들 되지 못하고 이루지 못할 일이 있겠는가? 어느 것이 아버지 아닌 것이 있으며, 아버지가 이루지 못할 일이 어디 있겠는가?"

 ## 제107절 ___ 길 잃은 한 마리 양

예수께서 말씀하셨다.
"그 나라는 백 마리의 양을 치는 목동과 같다.
어느 날 그 양들 가운데 가장 큰 양 한 마리가 길을 잃었다.
목동은 아흔아홉 마리의 양들을 남겨두고
그 길 잃은 양 한 마리를 찾아 나섰다.
목동은 어렵게 양을 찾은 뒤 양에게 말했다.
'나는 다른 아흔아홉 마리의 양보다 너를 더 사랑한단다.'"

\* \* \*

그 나라는 백 마리의 양을 치는 목동과 같다.
어느 날 그 양들 가운데 가장 큰 양 한 마리가 길을 잃었다.

예수는 여기서 비유의 대상으로 하필이면 왜 양을 거론하고 있을까? 양은 무리생활을 하는 동물이다. 그래서 양들은 들판에서 풀을 뜯을 때나 냇가에서 물을 마실 때, 선 채로 잠을 잘 때도 언제나 무리를 지어 우르르 몰려다닌다. 결코, 한 마리씩 혼자서 다니지 않는다. 그렇게 하는 것이 풀을 뜯기도 쉽고 또 호랑이나 늑대 등의 천적으로부터 스스로를 방어하기도 쉬워서 살아남을 수 있는 확률이 높기 때문이다.

예수는 양을 치는 목동을 비유로 들면서 제자들에게 말한다.

"백 마리의 양 떼가 있다. 그런데 그중에서도 가장 큰 양 한 마리가 길을 잃었다."

여기서 '길을 잃었다'는 것은 길을 잘못 들었다는 뜻이 아니라 무리에서 홀로 떨어져 나왔다는 말이다. 무리에서 홀로 떨어져 나온다는 것은 생존에 큰 위험을 감수하는 모험을 감행했다는 것을 의미한다. 가장 큰 양은 무엇 때문에 무리에서 홀로 떨어져 나왔을까? 그는 손쉬운 먹이와 안전함보다도 더 절실한 무엇을 찾고 있기 때문이다.

목동은 아흔아홉 마리의 양들을 남겨두고
그 길 잃은 양 한 마리를 찾아 나섰다.

그런데 아버지 나라는, 양 떼를 돌보는 양치기는 나머지 아흔아홉 마리의 양들은 버려두고 무리에서 떨어져 나온 양 한 마리를 찾아 나선다. 무엇 때문에 목동은 아흔아홉 마리의 양들은 그대로 두고 잃어버린 한 마리 양을 찾아 나섰는가? 그것은 무리에서 떨어져 나온 양이 아버지 나라를 발견할 가능성이 더욱 크기 때문이다.

예수는 양 떼들의 무리를 인간사회에 비유하고 있다. 인간 또한 양 떼들처럼 무리생활하는데, 이를 좀 고상하게 '사회생활'이라 부른다. 양 떼들은 무리생활을 통해 먹이와 안전을 구성원들끼리 공유하려 하

지만, 인간은 사회생활을 통해 먹이와 안전은 기본이고 여기에 동일한
'생각과 관념'을 공유한다. 생각과 관념은 동물들은 갖고 있지 않은, 인
간 고유의 것이다. 그대를 통제하고 조절하는 것은 그대가 가지고 있
고 믿고 있는 생각이다. 그대는 보이지 않는 생각의 지배를 받으며 살
고 있지만 스스로 그 사실조차도 인식하지 못하고 있다.

그대의 사회생활은, 바로 그대가 맺고 있는 모든 관계는 관념 속 세
상이며 따라서 그것은 생각을 떠나서는 존재하지 않는다. 그러므로
그대가 믿고 있는 관념에 대해 의문을 던질 때, 그 실체를 의심하게
될 때 그대는 무리에서 떨어져 나온 한 마리 양이 된다. 이때, 그대는
비로소 하늘나라를 발견할 수 있는 가능성에 가까이 다가가게 된다.

> 목동은 어렵게 양을 찾은 뒤 양에게 말했다.
> '나는 다른 아흔아홉 마리의 양보다 너를 더 사랑한단다.'

온 산을 헤매며 기진맥진한 목동은 길 잃은 양을 찾은 뒤 이렇게
말한다.

"무리 속의 아흔아홉 마리의 양보다 무리를 이탈한 너를 더 사랑한
단다. 무리 속의 양들은 꿈속을 헤매고 있지만, 무리를 이탈한 너는
머지않아 아버지 나라를 발견할 것이기 때문이야."

무리에서 이탈한 양이 아버지 나라를 발견할 수 있다고 해서 그대
가 사회를 이탈하여 가정을 버리고 산속이나 사막으로 들어가라는
말이 아니다. 그대가 설령 집을 떠나서 산속 토굴에 들어가 혼자 산다
고 하더라도 여전히 이전의 관념 속에 있다면, 그것은 사회를 떠난 것
이 아니다. 왜냐하면, 여전히 머릿속에 관념으로 이뤄진 사회를 지니

고 다니면서 그대는 그 속에서 살고 있기 때문이다.

예수는 이 비유를 통해 그대에게 무엇을 말하고자 하는가? 그대가 아버지 나라를 발견하기 위해서는, 다시 말하면 본성을 깨닫기 위해서는 양 떼들의 무리에서, 관념, 즉 생각과 개념에서 떨어져 나와야만 한다는 것이다. 생각과 관념에서 동일시되지 않고 해방되는 것이 곧 해탈이요 하늘나라를 발견하는 길이기 때문이다.

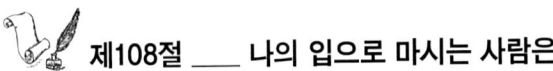 ### 제108절 ____ 나의 입으로 마시는 사람은

예수께서 말씀하셨다.
"나의 입으로부터 마시는 사람은 나와 같이 될 것이여,
나 자신이 바로 그 사람이 될 것이다.
그러면 감추어진 것들이 그에게 드러날 것이다."

\* \* \*

나의 입으로부터 마시는 사람은 나와 같이 될 것이여,
나 자신이 바로 그 사람이 될 것이다.

진리는 말言로 전달될 수 없다. 그러나 말을 통해 가리켜 보일 수는 있다. '나의 입으로 마시는 사람'이란 어떤 사람을 가리키는가? 이 또한 비유적인 표현이다.

예수는 말한다.

"내가 말(입)을 통해 가리켜 보이는 진리를 받아들여 자신 속에서 그것을 알아차리는 사람은 나와 같이 될 것이다. 나 자신이 바로 그 사

람이 될 것이다."

예수가 말하는 진리는 말이나 개념이 아니다. 진리는 그대의 존재 자체이기 때문이다.

그러므로 그대는 그것을 이해할 수는 없다. 다만 진리가 될 수 있을 뿐이다. 그대가 진리를 깨닫게 되면 그대는 진리 자체가 된다. 존재와 진리는 다른 것이 아니다. 예수가 말하고 있는 것이 무엇인지를 깨닫게 되면, 그대는 진리를 아는 것이 아니라 진리 차체가 된다. 예수는 왜 "나 자신이 바로 그 사람이 될 것이다."라고 말하는가? 예수가 바로 진리요, 진리를 깨달은 사람 또한 진리가 되기 때문이다.

그러면 감추어진 것들이 그에게 드러날 것이다.

진리는 결코 감추어져 있지 않다. 진리는 누구나 볼 수 있도록 훤하게 드러나 있다. 진리는 모든 것을 환하게 비추는 빛과도 같다. 존재하는 것은 진리 아닌 것이 없으며, 진리 이외의 다른 것은 없다. 그런데 그대는 왜 그것을 보지 못하는가? 다른 이유는 없다. 그대가 꿈을 꾸고 있기 때문이다. 꿈의 내용에 정신이 팔려서 꿈꾸는 자가 누구인지 보지 못하기 때문이다.

그대가 바로 진리다. 그대가 자신을 바로 보기만 하면, 그대는 진리가 된다. 그러면 지금까지 그대가 보지 못했던 존재계의 모든 비밀이 그대에게 드러날 것이다.

## 제109절 ___ 밭에 숨겨진 보물

예수께서 말씀하셨다.

"그 나라는 자신의 밭에 보물이 숨겨져 있는 것을 알지 못하는 사람과 같다.

그 사람은 죽으면서 그 밭을 아들에게 물려주었고

그 아들도 밭에 보물이 숨겨져 있는 것을 알지 못한 채

물려받은 그 밭을 팔았다.

그 밭을 산 사람은 밭을 갈다가 보물을 발견했고

원하는 모든 사람들에게 이자를 받고 돈을 빌려주기 시작했다."

\* \* \*

그 나라는 자신의 밭에 보물이 숨겨져 있는 것을 알지 못하는 사람과 같다.

그 사람은 죽으면서 그 밭을 아들에게 물려주었고

그 아들도 밭에 보물이 숨겨져 있는 것을 알지 못한 채

물려받은 그 밭을 팔았다.


자신의 밭에 보물이 숨겨져 있다는 것을 알지 못하는 사람은 누구인가? 그는 다름 아닌 대부분의 세상 사람들이며, 동시에 바로 그대이다. 그대가 바로 밭이며, 동시에 아버지 나라다. 그대 안에는 평생을 쓰고도 남을 무진장한 금은보화가 숨겨져 있으나 그대는 그 사실을 알지 못하고 평생을 가난과 궁핍, 불안과 두려움 속에서 살아가고 있다.

그러므로 그대의 가난과 두려움은 그대가 물려받은 유산이 없어서가 아니라 오로지 그대 자신에 대한 무지無知로부터 기인한다. 그대의 무지는 다만 그대의 대代에서 비롯된 것이 아니다. 그대의 부모, 그 부모의 부모, 또 그 부모의 부모 세대로 소급되는, 아득히 먼 조상으로

부터 대대로 물려받은 것이다. 그대의 고조할아버지도, 증조할아버지도, 할아버지도, 아버지도 자신 속에 가치로 따질 수 없는 엄청난 보물이 숨겨져 있음을 알지 못했다. 그래서 자식들에게 그 보물을 발견해 사용하는 법을 가르쳐주지 못했다. 그래서 그대에게까지 대대로 숙명적으로 영적인 가난이 대물림되어 왔다.

그 밭을 산 사람은 밭을 갈다가 보물을 발견했고
원하는 모든 사람들에게 이자를 받고 돈을 빌려주기 시작했다.

그대는 어느 날 누군가로부터 어딘가에 엄청난 금은보화가 숨겨져 있다는 소식을 듣는다. 그래서 그대는 가난과 두려움에서 벗어나고자 그 보물을 찾아 나선다. 처음에 그대는 그 보물을 찾아서 어디로 가야만 할지 모른다. 그래서 그대는 숨겨진 보물을 찾아서 산을 넘고 바다를 건너 먼 이국땅을, 바깥세상을 헤맬 수밖에 없다.

그러다 운이 좋게도 시절 인연을 만나서 그 보물은 바깥세상에 있는 것이 아니라, 그대 속에 있다는 놀라운 소식을 듣게 된다. 마침내 그대는 바깥에서 찾기를 그만두고 내면의 밭을 갈기 시작한다. 그대는 밭을 갈다가 드디어 자신 속에 숨겨져 있는 무한정의 보물을 발견한다. 그 보물은 아무리 써도 마르지 않는 샘과 같이 한량이 없기 때문에 그대는 그 보물을 원하는 모든 사람들에게 나누어주기 시작한다. 그러나 그 보물의 가치를 모르는 자는 보물을 나누어줘도 하찮게 생각해 아무렇게나 내팽개쳐 버린다. 그래서 그대는 보물에 대한 가치를 아는 사람에게만 그것을 나누어 주게 된다.

그대는 자신 속에 한량없는 보물이, 영원히 고갈되지 않는 풍요의 나라가 숨겨져 있음을 아는가? 그 보물을 발견하여 가난과 결핍, 불안과 두려움에서 벗어나지 않겠는가? 찾아라! 찾는 자는 머지않아 그것을 발견할 것이다.

## 제110절 ___ 세상을 발견한 자는

예수께서 말씀하셨다.
"세상을 발견해 부자가 된 사람은
세상을 포기해야 한다."

\* \* \*

세상을 발견해 부자가 된 사람은

'세상을 발견해 부자가 된 사람'은 어떤 자를 말하는가? 그는 세상의, 현상세계의 실상을 알게 된 사람이다. 그가 세상을 발견한 사람이다. 그대가 만일 세상의 실상을 알게 되면 그대에게는 어떤 일이 일어날까? 그대가 실재한다고 믿고 있는 세상이 사실은 그대의 관념으로 만들어진 허구의 세상임을 깨닫게 되면 그대는 어떻게 반응하게 될까?

그대는 자신에게서 근심과 걱정, 두려움과 불안이 사라졌다는 엄청난 사실을 발견하게 된다. 따라서 여기서 부자가 된다는 것은 물질적으로 부유해진다는 뜻이 아니다. 심령이, 마음이 부유해진다는 말이다. 물질적으로 아무리 부유한 사람이라 하더라도 스스로 만족하지 못하면, 그는 가난한 사람이다. 채워야 할 것이 더 남아있다면 그는 부족한 사람이기 때문이다. 그러나 그대가 존재의 실상을 알게 되면,

있는 그대로 만족하게 된다. 어떤 조건이 충족되지 않아도 있는 그대로 만족함을 알게 되기 때문이다. 그래서 그대는 어떤 재벌과도 견줄 수 없는 가장 부유한 사람이 되는 것이다.

세상 전체가 자신과 다르지 않음을 알게 되기 때문이다. 세상이 곧 자기 자신인데 구태여 무엇을 더 소유하려 하겠는가? '소유'라는 것도 하나의 관념일 뿐이다. 소유가 하나의 개념이며 생각에 지나지 않는다는 것을 안 사람이 진정으로 무소유를 실현한 사람이다. 무소유를 실현한 사람이 어떻게 허망한 욕심에 사로잡힐 수 있겠는가? 그래서 그는 겉으로는 아무것도 가진 것이 없을지라도 내면으로는 세상에서 가장 부유한 사람이 된다.

세상을 포기해야 한다.

여기서의 '세상'은 '아버지 나라'가 아니라 세속, 즉 현상세계이다. 무소유를 실현한 사람은 세상을 포기하게 할 필요조차도 없다. 환영일 뿐인 세상은 자연스럽게 떨어져 나가게 된다. 그는 세상 속에 살고 있지만, 세상은 더 이상 그를 흔들 수가 없다. 그는 비록 진흙 속에 뿌리를 내리고 있지만, 흙탕물에 물들지 않는 한 송이 연꽃으로 피어났기 때문이다.

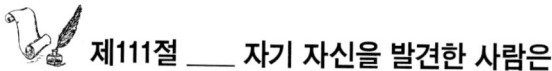

### 제111절 ___ 자기 자신을 발견한 사람은

예수께서 말씀하셨다.
"너희 앞에서 하늘과 땅이 말려 올라갈 것이다.

살아계신 분 안에서 살아가는 사람은
걸코, 죽음을 보지 않을 것이다."

예수께서 이렇게 말씀하시지 않았는가.
"자기 자신을 발견한 사람에게는
이 세상은 가치가 없다."

\* \* \*

너희 앞에서 하늘과 땅이 말려 올라갈 것이다.

"너희 앞에서 하늘과 땅이 말려 올라갈 것이다."라고 하는 말을 문자 그대로 받아들이면 곤란하다. 이는 어디까지나 수사적 표현에 지나지 않기 때문이다. 따라서 이는 '일어날 수 없는 일이 일어난다 해도'라는 가정법적인 표현으로 보면 된다.

살아계신 분 안에서 살아가는 사람은

'살아 계신 분'은 전체 생명인 아버지이다. 따라서 '살아계신 분 안에서 살아가는 사람'은 자기 안의 아버지를 깨달아 생각과 동일시되지 않고 본성 그대로 여여하게 살아가는 사람을 일컫는다.

걸코, 죽음을 보지 않을 것이다.

본성을 깨달은 사람은 육체가 죽지 않는다는 말이 아니다. 몸은 언젠가는 사라지더라도 살아계신 분 안에 살아가는 사람은, 생명을 깨달은 사람은 죽음을 경험하지 않게 된다는 것이다. 죽음은 어디까지나 몸에만 해당하는 것이기 때문이다. 그대의 진정한 정체인 생명은 태어나지도 않고 죽지도 않는다. 늘어나지도 줄어들지도 않고, 더럽혀지지도 깨끗해지지도 않는다. 따라서 생명을 깨달은 사람은 결코 죽음을 보지 않을 것이다.

자기 자신을 발견한 사람에게는
이 세상은 가치가 없다.

생명을 발견한 사람에게는, 진정한 자기 자신을 발견한 사람에게는 이 세상은 아무런 가치가 없다. 무엇 때문인가? 자기 자신을 깨달은 사람은 이 세상이 허구요 환영임을, 그림자요 물거품과 같은 것임을 분명하게 알기 때문이다. 그래서 이 세상은 아무런 가치를 지닐 수 없게 된다.

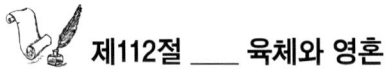

## 제112절 ___ 육체와 영혼

예수께서 말씀하셨다.
"영혼에 의존하는 육체에 화가 있을 것이다.
육체에 의존하는 영혼에 화가 있을 것이다."

\* \* \*

영혼에 의존하는 육체에 화가 있을 것이다.
육체에 의존하는 영혼에 화가 있을 것이다.

전통적인 성서학자들은 이 장을 제대로 해석하지 못하고 있다. 학자들은 불이법不二法을 모르기 때문이다. 그래서 그들은 '육체'와 '영혼'이라는 두 가지 독립된 실체가 있다는 전제 아래서 개념적인 설명을 덧붙이고 있을 뿐이다.

단적으로 말하면, 예수는 여기서 제자들에게 불이법不二法을 이야기하고 있다. '영혼'이라는 것도 하나의 개념이다. 영혼은 영혼이 아니라 이름이 영혼일 뿐이다. '육체'라는 것도 하나의 개념이다. 육체는 육체가 아니라 이름이 육체일 뿐이다.

따라서 여기서 예수가 말하고자 하는 말씀의 뜻은 명확하다.

예수는 말한다.

"너희가 만약 육체와 영혼을 둘로 나누어서 이것들을 실체로 보아서 그것에 의존한다면, 너희는 고통에서 벗어날 수 없게 될 것이다.

너희는 육체와 영혼으로 나뉘지 않는 온전한 '하나', 다시 말하면 '하나님'이기 때문이다. 그러므로 육체가 영혼에 의존한다는 것도 망상이고, 영혼이 육체에 의존한다는 것도 망상일 뿐이다. 너희가 바로 분리되지도 않고 어디에도 의존하지 않는 온전한 하나님임을, 순수자각임을 잊지 않는다면, 모든 번뇌와 망상에서 벗어날 수 있을 것이다."

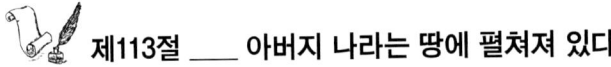

### 제113절 ___ 아버지 나라는 땅에 펼쳐져 있다

제자들이 예수께 물었다.

"그 나라는 언제 옵니까?"

"그 나라는 기다린다고 오지 않는다.
그것은 '보라, 그것은 이곳에 있다.' 또는
'보라, 그것이 저곳에 있다.'하고 말할 수 있는 것이 아니다.
아버지의 나라는 땅에 펼쳐져 있으나
사람들이 그것을 보지 못한다."

\* \* \*

제자들이 예수께 물었다.
"그 나라는 언제 옵니까?"

"그 나라는 기다린다고 오지 않는다.
그것은 '보라, 그것은 이곳에 있다.' 또는
'보라, 그것이 저곳에 있다.'하고 말할 수 있는 것이 아니다.
아버지의 나라는 땅에 펼쳐져 있으나
사람들이 그것을 보지 못한다."

그대는 묻는다.

"저는 언제쯤 깨닫게 되겠습니까? "말씀하시는 것은 모두 이해합니다. 그러나 제겐 아직 체험이 없습니다. 어떻게 하면 체험을 할 수 있겠습니까?"

깨달음은 기다린다고 오지 않는다. 깨달음은 "보라, 여기에 있다. 저기에 있다."고 말할 수 있는 것이 아니기 때문이다. 깨달음을 기다리는 놈이 사라지는 것이 깨달음이다. 그대는 이미 깨달아 있다. 그대가 깨달음이다. 그러나 그대는 안타깝게도 지금 눈앞에 펼쳐져 있는 깨달음을 보지 못한다. 그래서 그대는 지금도 손에 불을 들고서 불을 찾고 있다.

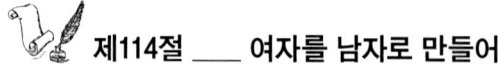

## 제114절 ____ 여자를 남자로 만들어

시몬 베드로가 그들에게 말했다.
"마리아를 우리에게서 떠나가게 합시다.
여자들은 생명을 얻기에 합당하지가 않기 때문입니다."


예수께서 말씀하셨다.
"내가 그녀를 남자로 만들기 위해 인도할 것이다.
그리하여 그녀 또한 너희 남자들을 닮은
살아있는 영이 되게 하겠다.
자신을 남자로 만드는 여인은 모두
하늘나라에 들어갈 것이기 때문이다."
\* \* \*
마리아를 우리에게서 떠나가게 합시다.
여자들은 생명을 얻기에 합당하지가 않기 때문입니다.


베드로가 먼저 예수와 제자들이 함께 있는 자리에서 막달라 마리아를 공동체에서 내보내자고 제의한다. 베드로가 말한다.

"막달라 마리아를 우리 공동체에서 내보냅시다. 여자인 그녀는 우리 남자들과는 달리 생명을, 구원을, 진리를 얻기에 합당하지가 않기 때문입니다."

베드로는 자신을 '남성'이라는 특정한 성性과 동일시하고 있다. 그래서 당시 유대 사회의 가부장적인 남성우월 의식에 사로잡혀 여성인 막달라 마리아는 생명을 얻을, 다시 말하면 아버지 나라를 발견할 수 있는 자격이 없다고 단언하고 있는 것이다. 베드로의 이 발언을 통해 본다면, 그는 아직 아버지 나라를, 본성을 깨닫지 못한 것이 확실하다. 왜냐하면, 본성 자리에는 남자와 여자라는 성의 구분이 없기 때문이다. 따라서 그가 이미 본성을 깨쳤다면 이처럼 어리석은 말은 하지 않았을 것이다. 그는 여전히 당시 유대사회의 일반적인 통념에서 따라 여성은 남성보다 열등한 존재이기 때문에 생명을 깨달을 수 없다는 생각에 사로잡혀 있는 것이다.

내가 그녀를 남자로 만들기 위해 인도할 것이다.
그리하여 그녀 또한 너희 남자들을 닮은
살아있는 영이 되게 하겠다.
자신을 남자로 만드는 여인은 모두
하늘나라에 들어갈 것이기 때문이다.

베드로의 주장에 대해 예수는 평소의 그답지 않은 대답을 한다. 막달라 마리아를 남자로 만들기 위해 그녀를 인도해서 그녀가 남자가 된 이후에 하늘나라로 들어가게 하겠다는 것이다. 남자는 곧바로 하늘나라에 들 수 있지만, 여자는 곧바로 하늘나라로 들어가지 못한다는 것이다. 예수는 말대로라면 여자는 반드시 남자가 되어야만 하늘나라로 들어갈 수 있다는 뜻이다.

그러나 이는 〈도마복음〉 22절에서 예수 자신이 한 다음의 말과도 모순된다.

"너희가 둘을 하나로, 안을 바깥처럼, 바깥을 안처럼, 위를 아래처럼 만들 때,

남자와 여자를 하나로 만들어 남자는 남자가 아니고

여자는 여자가 아니게 될 때,

눈이 있는 자리에 새 눈을 갖고,

손이 있는 자리에 새 손을, 발이 있는 자리에 새 발을,

모양이 있는 곳에 새 모양을 갖게 될 때,

너희는 하늘나라에 들어갈 것이다."

22절에서 예수는 다소 모호하게 언급되어온 하늘나라를 분명하게 가리키고 있다. 하늘나라는 육체를 가지고 들어갈 수 있는 시간과 공간상에 위치한 어떤 '곳'이 아니다. 하늘나라는 안과 밖, 위와 아래, 남자와 여자, 손과 발, 너와 나 등 모든 분별이 끊어진 마음자리를 말한다. 다시 말하면 분별하지 않는 마음이 곧 하늘나라이다. 모든 상대성과 이원성이 끊어진 텅 빈 마음이 하늘나라이다.

지금 당장 생각하지 말고 있어 보라. 그대는 남자인가 여자인가? 깊은 잠속에 있을 때, 그대는 남자인가 여자인가? 깊은 잠속에서는 나도 없고 너도 없으며, 남자도 없고 여자도 없다. 남자와 여자라는 것도 하나의 개념일 뿐이기 때문이다.

예수가 어떤 취지에서 마리아를 남자로 만든 뒤에 하늘나라에 들게 하겠다는 말을 제자들에게 했는지는 이 기록만으로는 분명하지가 않다. 그러나 깨어있는 의식 자체인 예수가 만약 이 말을 했다면, 분명 그에 상응하는 이유가 있었을 것이다. 그러나 그것은 중요하지가 않다. 이 절에서의 예수의 대답은 〈도마복음〉에서 일관되게 가리키고 있는 예수의 본지는 분명 아니기 때문이다.

하늘나라는 남자와 여자라는 성의 구분이 없다. 하늘나라로 가는

데는 시간도 걸리지 않는다. 하늘나라로 가는 데는 여비도 들지 않는다. 이 순간 분별에서만 벗어나면, 그대가 있는 곳이 바로 하늘나라이기 때문이다.